"十四五"职业教育国家规划教材

"十二五"职业教育国家规划教材 修
经全国职业教育教材审定委员会审定 订
汽车类专业"互联网+"创新教材 版

汽车发动机机械系统检测与修复

第 3 版

主　编　黄艳玲　田有为
副主编　李　晗　金艳秋
参　编　张西振　王丽梅　张　义　任佳君
　　　　项仁峰　杨艳芬　张凤云　明光星
　　　　鲁明强

机械工业出版社

本书为"十四五"职业教育国家规划教材。本书以发动机机械系统常见故障检修任务为依据，采用任务驱动式教学方法，按照企业实际工作中的典型工作任务对发动机机械系统的教学内容进行整合，从分析故障原因开始，确定完成检修作业所需的工作任务，在阐述发动机机械系统基本结构、原理与检修方法的同时，突出对岗位综合能力的培养。

本书有5个项目，下设13个工作任务，内容涉及汽车发动机检修常用工具及量具的使用、曲柄连杆机构检修、配气机构检修、冷却系统检修及润滑系统检修，涵盖了汽车发动机机械系统检修的主流技术。

本书内容先进、资料翔实、图文并茂、通俗易懂，适合作为高职院校、中职学校和专业培训相关课程的教材，同时也可作为汽车维修技术人员的参考书。

本书单独配有实训工单，方便学生进行实操训练。另外，本书为了便于读者自主学习、提高学习效率，配备了二维码视频资源，可通过手机扫码观看。

本书还配有电子课件、试卷及答案等，**凡使用本书作为教材的教师**可登录机械工业出版社教育服务网（www.cmpedu.com）注册后免费下载。咨询电话：010-88379375。

图书在版编目（CIP）数据

汽车发动机机械系统检测与修复/黄艳玲，田有为主编. —3版. —北京：机械工业出版社，2021.4（2024.8重印）
"十二五"职业教育国家规划教材：修订版　汽车类专业"互联网+"创新教材
ISBN 978-7-111-67866-3

Ⅰ.①汽… Ⅱ.①黄… ②田… Ⅲ.①汽车-发动机-机械系统-车辆检修-职业教育-教材 Ⅳ.①U472.43

中国版本图书馆CIP数据核字（2021）第054904号

机械工业出版社（北京市百万庄大街22号　邮政编码100037）
策划编辑：葛晓慧　责任编辑：葛晓慧　于志伟
责任校对：李　婷　封面设计：王　旭
责任印制：单爱军
北京联兴盛业印刷股份有限公司印刷
2024年8月第3版第5次印刷
184mm×260mm·12印张·276千字
标准书号：ISBN 978-7-111-67866-3
定价：45.00元

电话服务　　　　　　　　　网络服务
客服电话：010-88361066　　机　工　官　网：www.cmpbook.com
　　　　　010-88379833　　机　工　官　博：weibo.com/cmp1952
　　　　　010-68326294　　金　书　网：www.golden-book.com
封底无防伪标均为盗版　　　机工教育服务网：www.cmpedu.com

关于"十四五"职业教育
国家规划教材的出版说明

为贯彻落实《中共中央关于认真学习宣传贯彻党的二十大精神的决定》《习近平新时代中国特色社会主义思想进课程教材指南》《职业院校教材管理办法》等文件精神,机械工业出版社与教材编写团队一道,认真执行思政内容进教材、进课堂、进头脑要求,尊重教育规律,遵循学科特点,对教材内容进行了更新,着力落实以下要求:

1. 提升教材铸魂育人功能,培育、践行社会主义核心价值观,教育引导学生树立共产主义远大理想和中国特色社会主义共同理想,坚定"四个自信",厚植爱国主义情怀,把爱国情、强国志、报国行自觉融入建设社会主义现代化强国、实现中华民族伟大复兴的奋斗之中。同时,弘扬中华优秀传统文化,深入开展宪法法治教育。

2. 注重科学思维方法训练和科学伦理教育,培养学生探索未知、追求真理、勇攀科学高峰的责任感和使命感;强化学生工程伦理教育,培养学生精益求精的大国工匠精神,激发学生科技报国的家国情怀和使命担当。加快构建中国特色哲学社会科学学科体系、学术体系、话语体系。帮助学生了解相关专业和行业领域的国家战略、法律法规和相关政策,引导学生深入社会实践、关注现实问题,培育学生经世济民、诚信服务、德法兼修的职业素养。

3. 教育引导学生深刻理解并自觉实践各行业的职业精神、职业规范,增强职业责任感,培养遵纪守法、爱岗敬业、无私奉献、诚实守信、公道办事、开拓创新的职业品格和行为习惯。

在此基础上,及时更新教材知识内容,体现产业发展的新技术、新工艺、新规范、新标准。加强教材数字化建设,丰富配套资源,形成可听、可视、可练、可互动的融媒体教材。

教材建设需要各方的共同努力,也欢迎相关教材使用院校的师生及时反馈意见和建议,我们将认真组织力量进行研究,在后续重印及再版时吸纳改进,不断推动高质量教材出版。

机械工业出版社

前　言

为贯彻党的二十大精神及国家职业教育方针政策、深化职业教育教学改革、加强教材建设，推进教育数字化，依据工学结合的人才培养模式，以提高学生动手实操技能和掌握够用的专业知识为目的，确保整体提高学生的职业素养，特组织来自一线、具有丰富教学经验与实操技能的资深教师编写了本书。

本书的内容以典型工作任务为载体，从分析故障原因开始，确定完成检修作业所需的工作任务，最终确定适合教学的学习任务，通过完成学习任务引导理论知识的学习。

本书具有以下特色：

1. 以典型工作任务为载体，以企业需求为依据

本书的编写以就业为导向，以培养学生综合职业能力为目标，以企业实际工作中典型工作任务为载体，以汽车维修工国家职业标准为参照，通过校企合作完成相关内容的确定；遵循职业教育的特点，从生产一线的实际需要出发，本着理论知识"必需、够用"的原则，重点对汽车发动机各系统的基本组成、主要零部件结构和工作原理、常见故障诊断方法、检修方法进行介绍。

2. 采用项目引领，任务驱动的编写模式

以完成具有职业特征的典型工作任务为学习目标，并在此过程中带动理论知识的学习，强调工作过程的完整性，实现课堂上理论学习与工作中技能学习的有机融合；以学生为主体，按照完整的工作过程组织学习过程，强调工作过程的完整性，将学习过程、工作过程与学生的能力和个性发展联系起来。

3. 注重职业素养养成，重点突出技能培养

每个项目在设置学习目标时，充分考虑学生职业技能的培养目标和职业素养的养成目标，在每个学习任务中，设置关于该任务的劳动安全、卫生及环保方面的详细要求，使学生在学习过程中逐步养成良好的职业素养。核心任务中融合了汽车维修工职业资格考核的知识点和技能点，对接了"1+X"中汽车动力与驱动系统综合分析技术模块的职业能力等级认证要求，满足"1+X"证书制度要求。

4. 配套有实训工单、二维码资源

本书配套齐全，有实训工单、二维码资源、课件等，方便老师教学和学生学习。

本书由辽宁省交通高等专科学校黄艳玲、田有为担任主编，李晗、金艳秋担任副主编，参与编写的还有张西振、王丽梅、张义、任佳君、项仁峰、杨艳芬、张凤云、明光星、鲁明强。另外，本套教材在编写的过程中，得到了辽宁鑫溢汽车销售服务有限公司、辽宁和兴大众汽车销售服务有限公司、沈阳广通行汽车服务有限公司、辽宁鑫迪汽车销售服务有限公司的大力支持，在此表示衷心的感谢。

由于时间仓促和编者水平有限，书中不当甚至错误之处在所难免，恳请使用本书的师生和读者批评指正。

编　者

二维码索引

序号	名称	图形	页码	序号	名称	图形	页码
1	曲柄连杆机构的拆装		24	6	气门组检测的标准操作流程		80
2	气缸压力的测量标准操作流程		25	7	配气正时及零部件检验的标准操作流程		95
3	起动机的拆装与检测的标准操作流程		65	8	润滑系统主要零部件的拆装与检查的标准操作流程		136
4	曲轴飞轮组检测标准流程		66	9	机油压力检查		137
5	曲轴检修		66	10	机油泵检修		143

目 录

前言
二维码索引
项目一　汽车发动机检修常用工具及量具的使用 …………………………………………… 1
　　工作任务一　常用工具的使用 ……………………………………………………………… 2
　　工作任务二　常用量具的使用 ……………………………………………………………… 7
项目二　曲柄连杆机构检修 …………………………………………………………………… 14
　　工作任务一　气缸压力检测 ……………………………………………………………… 16
　　工作任务二　机体组检修 ………………………………………………………………… 26
　　工作任务三　活塞组检修 ………………………………………………………………… 38
　　工作任务四　连杆组检修 ………………………………………………………………… 47
　　工作任务五　曲轴飞轮组检修 …………………………………………………………… 54
项目三　配气机构检修 ………………………………………………………………………… 70
　　工作任务一　气门组检修 ………………………………………………………………… 72
　　工作任务二　气门传动组检修 …………………………………………………………… 82
项目四　冷却系统检修 ………………………………………………………………………… 104
　　工作任务一　节温器及水泵检修 ………………………………………………………… 105
　　工作任务二　冷却风扇及散热器检修 …………………………………………………… 115
项目五　润滑系统检修 ………………………………………………………………………… 127
　　工作任务一　润滑油压力检测 …………………………………………………………… 128
　　工作任务二　机油泵检修 ………………………………………………………………… 140
参考文献 ………………………………………………………………………………………… 151
实训工单

项目一
汽车发动机检修常用工具及量具的使用

汽车维修过程中要使用各种工具和测量仪器，这些工具和测量仪器都有特定的使用方法，只有使用得当才能保证工作安全和准确。本项目主要学习发动机维修中常用的、一般属维修技师拥有的手动工具、专用工具及常用测量工具的正确使用方法。此外，汽车维修车间的安全是非常重要的，具备安全预防知识和遵守操作规程可防止严重的个人伤害和昂贵的财物损失的发生。

 学习目标

知识目标
➢ 了解常用工具的种类及特点。
➢ 掌握常用量具及压力表的使用方法。
➢ 了解车间安全操作规程。

技能目标
➢ 能够保持工具的清洁且使用状况良好。
➢ 能够正确选择工具。

➡ 能够正确使用常用的普通工具及专用工具。
➡ 使用工具时能够注意安全。

素养目标

1) 培养规范操作的安全意识。
2) 培养细致耐心的工作态度。
3) 培养精益求精、严谨专注的职业精神。

工作任务一　常用工具的使用
工作任务二　常用量具的使用

工作任务一　常用工具的使用

任务分析

本次任务为实践技能学习，学生分组在实训室由教师指导完成任务。通过完成本次任务，学生应能够保持工具清洁且使用状况良好，能够准确选择与正确使用常用的普通工具及专用工具，形成专业基础能力和培养细致耐心的专业精神，具备考取职业能力等级证书的基本能力。

任务实施的相关专业知识

一、普通工具的使用

经常用于零部件拆卸与装配的工具有各种类型的扳手、带各种手柄和方向接头的套筒、内六角扳手、螺钉旋具、钳子、锤子等，如图 1-1 所示。有些螺栓（缸盖螺栓、连杆螺栓等）在拧紧时有一定的拧紧力矩要求，这就需要使用扭力扳手。

1. 扳手

扳手有呆扳手、梅花扳手、活扳手、套筒扳手、扭力扳手和专用扳手等，主要用于拆装螺栓或螺母。大多数螺栓、螺母为标准件，所以扳手规格几乎全是英制或米制标准。

呆扳手和梅花扳手常用的有6件套和8件套，一般都成套购置，使用中应按一定的顺序摆放，以便工作时能准确地找到所需规格的扳手。使用时应当注意：一定要选择与所拆装螺栓相同规格的扳手，以免因扳手尺寸过大而损坏螺栓（螺母）的棱角，如图 1-2a 所示。当使用推力拆装时，应用手掌力来推动，不能采用握推的方式，以免碰伤手指，如图 1-2b 所示。不能采用两个扳手对接或用套筒等套接的方式来加长扳手，以免损坏扳手或发生事故，

项目一 汽车发动机检修常用工具及量具的使用

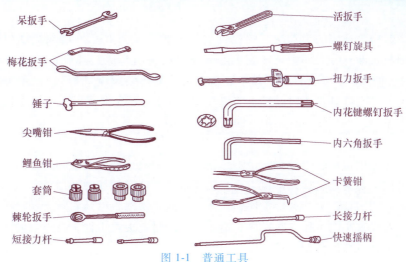

图 1-1 普通工具

如图 1-2c 所示。

活扳手的开口端根据需要可以在一定范围内进行调节,主要用于拆装不规则的带有棱角的螺栓或螺母。使用时,必须将活动钳口的开口尺寸调整合适,使扳手的活动钳口承受推力,固定钳口承受拉力,如图 1-2d 所示;用力要均匀,以免损坏扳手或使螺栓、螺母的棱角变形,造成打滑而发生事故。

套筒扳手是一种组合型工具,使用时由几件零部件共同组合成一把扳手,如图 1-3 所示。套筒扳手适合拆装所处空间狭小、特别隐蔽的螺栓或螺母,其套筒部分与梅花扳手的端头相似,并制成单件,根据需要可选用不同规格的套筒和各种手柄进行组合。如活动手柄可以调整所需力臂;快速手柄用于快速拆装螺栓、螺母;同时能配用扭力扳手显示拧紧力矩,具有功能多、使用方便、安全可靠的特点。

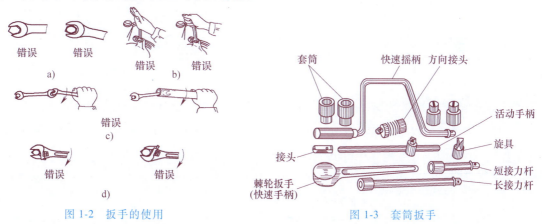

图 1-2 扳手的使用　　　　图 1-3 套筒扳手

扭力扳手是一种与套筒扳手中的套筒配合使用,能显示扭转力矩的专用工具。使用扭力扳手时必须符合规定,切忌在过载情况下使用而造成扭力扳手的失准或损坏。用完扭力扳手后,应将其平衡放置,避免因重物撞、压造成扳手杆或扳手指针变形而影响扳手的精度,甚至损坏扳手。

2. 螺钉旋具

螺钉旋具主要用于旋松或旋紧有槽螺钉,常用的有一字螺钉旋具、十字螺钉旋具和花键

3

头螺钉旋具3种,如图1-4a所示。

在汽车维修中,选用的旋具应与螺栓(钉)头槽口的形状、厚度和宽度相适应。旋具口端若太薄则易折断,若太厚则不能完全嵌入槽口内,而易使旋具口和螺栓(钉)槽口损坏(图1-4b)。使用时,不允许将工件拿在手上用旋具拆装螺栓(钉),以免旋具从槽口中滑出伤手;也不可把旋具当撬棒或錾子使用(图1-4c);不允许用扳手或钳子扳转旋具口端的方法来增大扭力,以免使旋具发生弯曲或扭曲变形。

3. 钳子

轿车维修作业中常用的钳子有鲤鱼钳、钢丝钳、尖嘴钳和卡簧钳等,如图1-5所示。

鲤鱼钳可用来切割金属丝,弯扭小型金属棒料,夹持扁的或圆柱形小件。

钢丝钳带有旁刃口,除能夹持工件外,还能折断金属薄板以及切断直径较小的金属线。

尖嘴钳能在较狭小的工作空间操作,不带刃口的只能夹捏工件,带刃口的能切剪细小零件,是修理仪表及电器的常用工具。

卡簧钳是专门用于拆装带拆装孔的弹性挡圈(卡簧)的钳子,按用途分为轴用卡簧钳、孔用卡簧钳和特种卡簧钳。

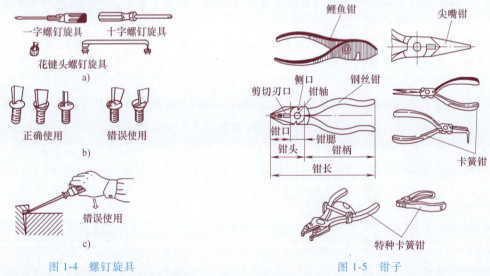

图1-4 螺钉旋具

a) 螺钉旋具的类型 b)、c) 螺钉旋具的使用

图1-5 钳子

使用时,钳子的规格应与工件规格相适应,以免钳子小、工件大而损坏钳子;使用前应先擦净钳子上的油污,以免工作时滑脱而导致事故;严禁用钳子代替扳手旋紧或旋松螺栓、螺母等带棱角的工件(图1-6a);不允许用钳子切割过硬的金属丝,以免造成刃口损坏或钳

图1-6 钳子的使用

项目一 汽车发动机检修常用工具及量具的使用

体损坏（图 1-6b）；不允许用钳子代替锤子敲击零件。

4. 锤子

常用的锤子类型如图 1-7a 所示，有钢制圆头锤、橡胶或塑料锤及黄铜软面锤等。使用前，必须检查锤柄是否安装牢固，以防在使用时锤头脱出而发生伤人或损物事故；使用时，要手握锤柄末端，锤子的正面对准被击打的物体，如图 1-7b 所示。

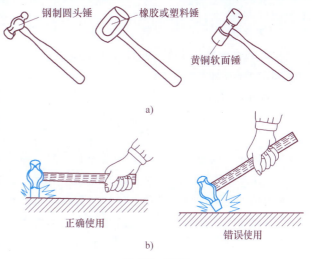

图 1-7 锤子

a）锤子的类型 b）锤子的使用

二、专用工具的使用

有些维修项目必须使用专用工具才能顺利进行，常用的专用工具如图 1-8 所示。

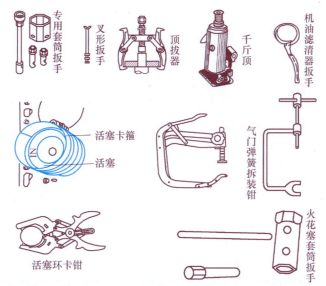

图 1-8 常用的专用工具

1. 火花塞套筒扳手

火花塞套筒扳手采用的套筒为内六角、筒式结构。

2. 活塞环卡钳

活塞环卡钳用于拆装活塞环。使用时，活塞环开口正对卡钳内侧，将卡钳上环卡在活塞环的开口上，轻握手柄即可使活塞环张开，便于从活塞环槽中拆出或装入活塞环槽。

3. 顶拔器

顶拔器主要用于拆卸发动机曲轴、凸轮轴上的正时齿轮、正时带轮及其他尺寸合适的齿轮、轴承凸缘等圆盘形零件。使用时，要检查拉爪是否卡紧、受力是否均匀对称、垫套与轴是否对中，然后扭动螺杆接触工件，再复查一次，确认无误后才能进行拆卸工作。

4. 气门弹簧拆装钳

在拆装气门时，用叉形口（或环形口）抵住气门弹簧座，将螺杆顶在气门头部，转动手柄即可压缩气门弹簧。

5. 千斤顶

千斤顶是一种最常用、最简单的起重工具。目前,广泛使用的是推车式或立式液压千斤顶,如图1-8所示。

千斤顶的使用方法如下:

1) 顶起汽车前,应把千斤顶顶面擦拭干净,拧紧压力开关,把千斤顶放置在被顶部位的下部,且使千斤顶与被顶部位相互垂直,以防千斤顶滑出而造成事故。

2) 旋转顶面螺杆,改变千斤顶顶面与汽车间的原始距离。

3) 用三角形垫木将汽车着地车轮前、后塞住,防止汽车在顶起过程中发生滑溜事故。

4) 用手上下压动千斤顶手柄,当被顶汽车升到一定高度时,在车架下放入支撑座。

5) 徐徐拧松压力开关,使汽车缓慢平衡地下降,架稳在支撑座上。

6) 千斤顶必须垂直放置,以免油液渗漏而失效。

任务实施

一、职业能力点

1) 能识别维修工具及其在汽车维修中的用途,并正确使用。

2) 能正确地清洁、储存维修工具和设备。

3) 能正确地使用维修工具。

二、准备工作及注意事项

1) 要确保在工作部件上正确使用工具,用在工具上的力要恰当,工作姿势要正确。

2) 根据尺寸、位置和其他条件不同,有不同的工具可用于松开或拧紧螺栓。要根据零件形状和工作场地选择适合的工具。

3) 工具和测量仪器要放在容易拿到的位置,使用后要放回原来的正确位置。

4) 严格遵守工具的维护和管理规定。工具要在使用后立即清洗并在需要的位置涂油。如果需要修理应立即进行,这样工具就可以处于完好状态。

三、常用工具使用实训指导(表1-1)

表1-1 常用工具使用实训指导

工具	实训项目	指导要点
手动工具	基础知识	1. 解释工具及量具的基本概念 2. 解释在工具台中有什么类型的工具 1) 用于设备或电子产品的维修工具与用于汽车的维修工具的差别 2) 螺钉旋具、可调扳手、尖嘴钳等在工作中不会经常用到,主要使用梅花扳手、套筒扳手和棘轮手柄 3. 工具的大小和应用 确保工具的直径与螺栓/螺母的头部大小合适,使工具与螺栓/螺母完全配合 4. 用力强度 1) 始终转动工具,如果由于空间限制无法转动工具,用手掌推动工具 2) 已经拧得很紧的螺栓/螺母可以通过施加冲击力轻轻松开,但是不能使用锤子和管子(用来加长轴)来增加转矩 3) 在使用扭力扳手前,用其他扳手拧紧,最后的拧紧用扭力扳手来完成,以便将其拧紧到标准值 4) 用扭力扳手拧紧几个螺钉时,在每个螺栓上均匀施加力矩,并重复2~3次

项目一 汽车发动机检修常用工具及量具的使用

(续)

工　具	实训项目	指　导　要　点
手动工具	选择工具	1. 解释有许多类型的工具可用于旋转（拧紧或松开）螺栓。根据可用性选择一种工具，如呆扳手、套筒扳手或梅花扳手等 2. 解释选择工具的基本顺序，以便准确而快速地拧紧或松开螺栓。首先选择套筒扳手，其次选择梅花扳手，最后选择呆扳手。拧紧或松开尺寸不规则的螺栓/螺母，选择可调扳手 3. 根据工作条件（环境）使用工具。如在发动机舱内不要使用长的梅花扳手，因为工作区域过于狭窄 4. 根据完成工作的速度来选择工具 1) 除了转动螺栓外，让学生思考如何能够快速而准确地使用工具 2) 选择合适的工具可以准确地工作 5. 根据转矩大小选择工具
气动工具	使用方法	气动工具使用压缩空气作为动力并用于拆卸和更换螺栓/螺母，它们能使工作很快完成 使用方法及注意事项： 1) 要在正确的气压下使用。正确值：686kPa（7kg/cm²） 2) 与专业的套筒结合使用，不要使用专业套筒以外的其他套筒 3) 先用手将螺母对准螺钉。如果一开始就打开气动工具，则螺纹会损坏。注意不要拧得过紧，应使用较小的力拧紧 4) 请勿使拧紧力矩值超出最大极限值 5) 不能用于万向节，因为球节由于不能吸收旋转摆动而会脱开，并造成工具、零件或车辆损坏 6) 如果用气动工具从螺钉上完全下取螺母，则旋转力可使螺母飞出 7) 定期检查气动工具并用气动工具油润滑和防锈

工作任务二　常用量具的使用

任务分析

用测量仪器诊断车辆状态，其方法是检查零件尺寸、调整状态是否和标准值符合，并且检查车辆或发动机零件是否正常发挥作用。本次任务为实践技能学习，学生分组在实训室由教师指导完成。通过完成本次任务，学生应能够掌握汽车发动机检测维修中常用量具的使用方法，树立科学、严谨的职业意识，培养学生规范、一丝不苟的职业素养，具备考取职业能力等级证书的基本能力。

任务实施的相关专业知识

量具是对零件尺寸或配合间隙进行检测的测量工具，常用的量具一般有塞尺、塑料间隙规、游标卡尺、千分尺、百分表、内径百分表、燃油压力表、真空表和真空泵等。

一、塞尺

塞尺是由多片不同厚度的标准钢片所组成的测量工具，每片钢片有平行的两个测量平面，并且钢片上标有表示其厚度的数字，如图1-9所示。塞尺主要用于两个接合面之间的间隙值

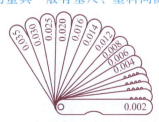

图1-9　塞尺

的测量，如气门间隙、曲轴轴向间隙等。使用时，可以用一片钢片进行测量，也可以由多片钢片组合在一起进行测量。测量时，先将干净的塞尺钢片插入被测间隙中，来回拉动塞尺钢片，当感到稍有阻力时，则该间隙值接近塞尺钢片上所标出的数值之和。

二、塑料间隙规

塑料间隙规是一种受挤压后能发生塑性变形的圆形塑料条，可用来测量曲轴主轴承间隙、连杆轴承间隙等。

三、游标卡尺

游标卡尺是一种能直接测量工件内径、外径、宽度、长度和深度的量具，如图1-10 a所示，其分度值有0.20mm、0.10mm、0.05mm、0.02mm等。

使用前，先将工件被测表面和量爪接触表面擦拭干净。测量工件外径时，将活动量爪向外移动，使量爪间距大于工件外径，然后慢慢地移动游标，使两量爪与工件接触，切忌硬卡硬拉，以免影响游标卡尺的精度和读数的准确性。测量时，应使游标卡尺与工件垂直，固定锁紧螺钉。

读数时，读出游标上"0"刻线所指示尺身上左边刻线的毫米数；观察游标上"0"刻线右边第几条刻线与尺身某一刻线对准，将游标上的读数乘以分度值即为读数的小数值；将尺身上的整数和游标上的小数值相加即得被测工件的尺寸。工件尺寸=尺身整数+游标上读数值×分度值。

图1-10b中的分度值为0.10mm，其读数值为：27mm +5×0.10mm = 27.5mm。

图1-10c中的分度值为0.05mm，其读数值为：24mm +10×0.05mm = 24.5mm。

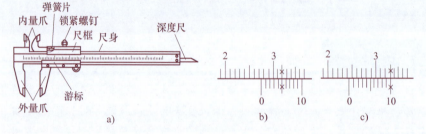

图1-10 游标卡尺
a）游标卡尺结构 b）、c）读数

四、千分尺

千分尺是一种用于测量加工精度要求较高的工件的精密量具，其分度值可达0.01mm。千分尺按测量用途不同，可分为内径千分尺和外径千分尺；按测量范围不同可以分为0~25mm、25~50mm、50~75mm和100~125mm等多种规格。千分尺固定套筒上有"毫米"刻度线和"半毫米"刻度线，微分套筒上有50个刻度线，每一刻度为0.01mm。常用外径千分尺如图1-11a所示。

千分尺误差的检查方法：把千分尺测砧、测轴的端面擦拭干净，旋转棘轮，使两个砧端（或砧端夹住基准量规）先靠拢，直到棘轮发出2~3下"咔咔"声，这时检视指示值。微分套筒（活动套筒）前端应与固定套筒的"0"线对齐；微分套筒的"0"线应与固定套筒的基线对齐。若两者中有一个"0"线不能对齐，则该千分尺有误差，应检查调整。

使用方法：将工件被测表面擦拭干净并置于千分尺测砧、测轴之间，使千分尺测轴轴线与工件中心线垂直或平行。旋转微分套筒，使测轴与工件测量表面接近，旋转棘轮直到棘轮发出"咔咔"声为止,这时的指示数值就是所测量到的工件尺寸。测量完毕,必须倒转微分套筒后才能取下千分尺。

读数方法:从固定套筒上露出的刻线读出工件的毫米整数和半毫米整数;从微分套筒上由固定套筒纵向线所对准的刻线读出工件的小数部分(百分之几毫米),不足一格的数值(千分之几毫米)可用估算读法确定;将两次读数相加就是工件的测量尺寸。图1-11b所示为千分尺读数实例。

五、百分表

百分表是一种比较性测量仪器,主要用于测量工件的尺寸误差、几何误差以及配合间隙等,如零件的平面度、直线度、圆跳动的测量,分度值为0.01mm。如图1-12所示,百分表的刻度盘分成100格,大指针转动1格为0.01mm,转动一圈为1mm,小指针可指示转过的圈数。指针的偏转量就是被测零件的实际偏差或间隙值。

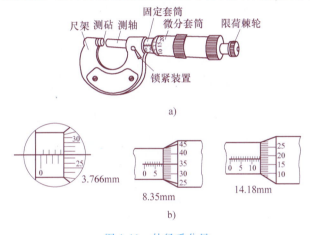

图1-11 外径千分尺
a)外径千分尺结构 b)读数

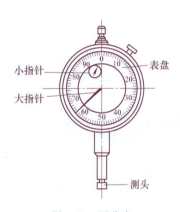

图1-12 百分表

使用方法:先将百分表固定在带磁力座的保持架上,将测量杆端测头垂直地抵住被测工件表面,并使测头产生一定位移(即指针存在一个预偏转值)。移动被测工件时,观察百分表表盘上指针的偏转量,该偏转量即被测物体的偏差尺寸或间隙值。

六、内径百分表

内径百分表又称量缸表,主要测量孔的内径,如气缸和轴承孔内径等。内径百分表主要由百分表、表杆和一套长短不同的接杆等组成,如图1-13所示。

测量孔的内径时,根据被测孔直径的大小选择合适的接杆,旋入内径百分表下端。再根据被测孔的标准尺寸用外径千分尺校对内径百分表,并留出接杆伸长的适当数值(即预压缩1mm左右)旋转表盘,使百分表"0"位对正大指针,记住小指针指示的毫米数,把接杆螺母固定并复校。用手拿住绝缘套,把内径百分表斜向放入气缸被测处,轻微摆动内径百分表表杆,使内径百分表接杆与气缸轴线垂直(当表针指示到最小数值时即表示测量杆已垂直于

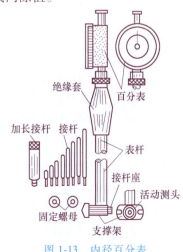

图1-13 内径百分表

气缸轴线）。如果大指针正好指在"0"处，说明被测工件的孔径与其校表尺寸（若以标准尺寸进行校表，校表尺寸即是标准尺寸）相等；如果大指针沿顺时针方向转离"0"位，则表示孔径小于标准尺寸；如果大指针沿逆时针方向转离"0"位，则说明孔径大于标准尺寸。

七、燃油压力表

为了检查电喷发动机燃料系统供油压力，必须使用燃油压力表套件，如图1-14所示。燃油压力表安装于输油泵出油端与输油总管进油端之间，不同发动机所需的连接头稍有差异，燃油压力表套件已备有适用不同发动机的各种连接头。

八、真空表及真空泵

真空表刻度盘一般分为100格，测量范围为0～100kPa，主要用来检查发动机某些装置工作时的真空度或密封性，如图1-15所示。

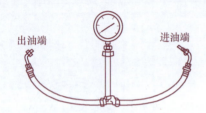

图1-14　燃油压力表

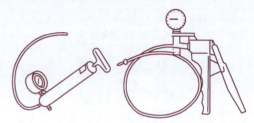

图1-15　真空表及真空泵

任务实施

一、职业能力点

1）能识别测量工具及其在汽车维修中的用途，并正确使用。
2）能正确地清洁、存放维修量具。
3）能正确地使用精密量具（如千分尺，百分表等）并读数。

二、准备工作及注意事项

1）清洁被测部件和测量工具。污物或润滑油可能导致测量值的误差，测量前应清洁表面。
2）选择适合的测量工具。按照要求的精度水平选择测量仪器，例如不能用游标卡尺测量活塞外径。
3）零校准。检查零刻度是否对准其正确的位置，零校准是正确测量的基础。
4）测量工具维修。测量仪器应定期地进行维修和校准。如果有损坏切勿使用，每件工具和测量仪器都有规定的操作程序。
5）测量工具与被测零件成直角。
6）读取测量值时确保眼睛视线与表盘和指针成直角。

三、常用量具使用实训指导（表1-2）

表1-2　常用量具使用实训指导

工　具	实训项目	指导要点
测量工具	游标卡尺	1. 解释技术特性及如何使用 1）可以测量外径、内径和深度 2）分度值为0.02mm 3）解释如何读取游标卡尺上的数值 4）发现主尺与游标的唯一重合点是比较困难的，试着从游标的两边寻找重合点

项目一 汽车发动机检修常用工具及量具的使用

(续)

工 具	实训项目	指 导 要 点
测量工具	游标卡尺	2. 建议 1）指导教师首先测量物体并获得正确读数 2）检查学生的答案，并且让他们再次测量，直到他们得到正确读数为止 3）让学生使用千分尺测量，以便体会不同之处
	千分尺	1. 解释技术特性及如何使用 1）测量的外径/厚度比游标卡尺测量的更精确 2）分度值为 0.01mm 3）需要时可使用物体支架 4）与物体的位置（包括角度）相匹配是很重要的 5）旋转套筒时不要用力过大 2. 建议 1）指导教师首先测量物体并获得正确读数 2）检查学生的答案并且让他们多次测量，直到得到正确读数为止 3）让学生使用游标卡尺进行测量，以体会不同之处 4）让学生测量一张纸，来了解 0.01mm 的单位长度
	百分表	1. 解释技术特性及如何使用 1）悬浮测头的类型随着测量位置的不同而不同 2）通过将悬浮测头的上下运动转化成长短指针的旋转运动进行测量 3）固定到磁性工作台上使用 2. 建议 1）指导教师首先测量物体并获得正确读数 2）检查学生的答案并且让他们多次测量，直到得到正确读数为止
	塞尺	1. 解释技术特性及如何使用 1）在间隙中插入一个薄钢片进行间隙的测量 2）将塞尺插到间隙中并读取塞尺的厚度值，拉出塞尺时应有一些阻力 3）当不能使用单个塞尺测片进行测量时，一起放入 2 或 3 个塞尺测片。尽可能使用较少的测量片进行测量 4）不要折断、弯折或撕裂塞尺测片 5）在使用后通常要进行防锈处理 2. 建议 1）指导教师首先测量物体并获得正确读数 2）检查学生的答案并且让他们多次测量，直到得到正确读数为止

知识拓展

一、汽车维修作业中的安全操作规程

1）汽车拆卸前，应清除外部的泥沙、污垢，并放尽燃料及润滑油。

2）拆卸前，应用专用支架或举升设备稳固地把车架牢，且不准在支撑点处垫砖块以及其他物体。

3）拆装发动机时，应选用合适的起重设备；起升及运输过程中，应避免吊件摇晃或站在运件下操作，以确保运件及人身安全。

4）拆卸总成及零件时，应选用合适的扳手；使用电动工具、设备时，必须遵守安全操

作规程,并预先检查技术状况,确认良好后才可使用。

5) 工具应保持清洁及良好的技术状况。用完的工具应放回工具箱或摆放在工作台上,绝不能随意丢弃在地面上或维修的汽车内。

6) 螺钉旋具、穿孔器或錾子等尖锐工具不得装进衣袋里,以免刮伤汽车座椅或车身外表。

7) 维修作业时,不准使用明火,不准吸烟,沾过油的棉纱、破布等废弃物要集中妥善处理,以免引起火灾;维修场地必须具备良好的通风条件,使燃油蒸气、工作废气易于散发。

8) 搬动蓄电池时,要轻拿轻放,不可歪斜,以免电解液泼溅到衣服或皮肤上;禁止将油料容器及各种金属物放在蓄电池壳体上。

9) 用千斤顶顶起车辆时,千斤顶应放置平稳;人应在车辆的外侧位置;顶起车辆前,应先找好架车工具,禁止用砖头或其他易破碎的物体代替正规的架车工具;凡用千斤顶顶起卸下车轮的汽车时,不许在车上或车下工作;用千斤顶使车轮放下时,打开压力开关要缓慢,打开前应检查周围是否有障碍物,避免可能压着人的危险。

二、起动发动机时的安全操作规程

1) 起动前,应检查润滑油、冷却液是否加足;变速杆是否在空档位置,并拉紧驻车制动器手柄。

2) 被调试汽车应具有完好的起动装置,用手摇柄起动时应防止反转伤人。

3) 在室内起动时,应打开门窗使空气畅通,并将汽车尾气管或发动机排气管接出室外,确保室内空气不被污染。

4) 在发动机运转中工作时,操作者要防止风扇叶片伤人。

5) 发动机起动后,应及时检查各仪表的工作情况是否正常。

三、车间管理安全

1) 保持车间地面清洁,当有液体溢出时,一定要立即清洁地面。

2) 将油漆和其他易燃液体存放在密闭的钢制壁橱里。

3) 油污抹布要放在合格的、有密封盖的容器中。

4) 保持车间整洁而干净,一定要收好工具和零件。

5) 保持工作台清洁,工作完后,不能让旧零件等重物遗留在工作台上。

四、车间常规安全

1) 进行维修作业时要穿工作服,必要时,要戴防护面罩及工作手套。当使用洗涤液和腐蚀性溶液、接触热金属或切割金属时,要戴防护手套。

2) 一定不要将空气枪中的高压气体直接对着人体或人体的任何部位。若这样做,气体会穿透皮肤进入到血液循环中,导致身体出现严重的损伤,甚至死亡。一定要保证空气软管完好无损。如果空气软管的一端被吹掉,软管将会像鞭子一样四处抽打,导致人体受伤。

3) 在对蓄电池或其他电气系统进行操作,或在这些电气系统周围工作时,尽量不要戴戒指、手表和手镯。

4) 工作时一定要使用正确的工具。

5) 维修时要按照汽车制造厂推荐的维修步骤进行。

6) 要确保工作区域有足够的照明。

项目一　汽车发动机检修常用工具及量具的使用

7）不要在可燃材料或液体附近吸烟或产生火花。

8）车间里易燃的物品要在密闭钢制壁橱里存放。

9）汽油必须存放在专用的安全汽油箱里。

10）发生火灾时，从教室或车间通往外面的安全通道逃生。不要打开门或窗，这样会让外面的新鲜空气进来，从而使火灾更严重。

项目二
曲柄连杆机构检修

当汽车行驶里程过长、发动机不按时进行维护或在非正常的条件下运转时（如发动机润滑油选择不当、缺润滑油、润滑油变质、发动机温度过高、冬季不热车即高负荷运转等），均会造成发动机零部件的过度磨损或损坏，导致发动机动力不足，严重时会造成发动机无法起动。这种情况下要对发动机进行拆解，重点要对曲柄连杆机构进行检修。

 学习目标

知识目标
➤ 了解发动机的基本组成。
➤ 掌握发动机常用的性能指标及基本术语。
➤ 掌握发动机的工作原理。
➤ 掌握曲柄连杆机构各零部件的功用、结构及工作原理。

技能目标
➤ 能够分析发动机动力不足的故障原因。
➤ 能够确定发动机曲柄连杆机构部件的检测内容和所需工具。

项目二 曲柄连杆机构检修

▶ 能够根据相关资料确定曲柄连杆机构零部件的检测标准。
▶ 能够准备任务相关的零件、工具和工作场所。
▶ 能够分析工作中的不安全因素并采取措施。
▶ 能够检测机械零件的尺寸误差和配合误差并确定维修措施。
▶ 能够检查、评价和记录工作结果。

素养目标

1) 培养环境保护意识和工作安全意识。
2) 培养分工合作的团队意识和良好的理解沟通能力。
3) 激发钻研学习的内驱力,培养求真务实的工作作风。
4) 培养解决问题、出谋划策和提出倡议的能力。

工作任务

工作任务一　气缸压力检测
工作任务二　机体组检修
工作任务三　活塞组检修
工作任务四　连杆组检修
工作任务五　曲轴飞轮组检修

情景导入

一位客户抱怨他所驾驶的桑塔纳轿车动力性差,与以前相比,发动机在加速时变得缓慢。该车为出租车,行驶里程为 30 万 km。维修技师在询问了该客户一些基本情况后,对发动机做了基本检查,确定该车的发动机需要大修。

经检查,发动机点火系统、供油系统、电控系统和进排气系统均无问题。检查发动机气缸压力,发现气缸压力过低,考虑到该车是出租车,且行驶里程长,故判断为发动机磨损过度。要解决这一问题需对发动机进行大修。发动机动力不足的故障原因分析如图 2-1 所示。

图 2-1　发动机动力不足的故障原因分析

工作任务一　气缸压力检测

任务分析

检查活塞到达上止点时气缸的压缩压力可确定气缸密封性的好坏,气缸的密封性与气缸体、气缸盖、气缸垫、活塞、活塞环和进气门、排气门等零件的技术状况有关。在发动机运行的过程中,由于这些零件的磨损、变形、烧蚀或积炭,会导致气缸密封性下降,最终会造成发动机功率不足,油耗增加。在汽车维修企业中广泛使用气缸压力表来检测气缸压缩压力。通过本任务的学习,学生应能具备汽车动力驱动系统综合分析技术(汽车动力系统检测维修)任务中发动机气缸压力检测与分析的职业技能,养成踏实认真、一丝不苟的职业精神。

任务实施的相关专业知识

一、发动机总体构造

1. 汽油机的总体构造

汽油机主要由"两大机构"和"五大系统"组成,如图2-2和图2-3所示。"两大机构"指曲柄连杆机构和配气机构,"五大系统"指燃料供给系统、点火系统、冷却系统、润滑系统和起动系统。

(1) 曲柄连杆机构　曲柄连杆机构是发动机实现热能与机械能相互转换的核心机构,其功用是将燃料燃烧所放出的热能通过活塞、连杆和曲轴等转变成能够驱动汽车行驶的机械能。

曲柄连杆机构主要由气缸体、气缸盖、活塞、连杆、曲轴和飞轮等部件组成。

(2) 配气机构　配气机构的功用是根据发动机的工作需要,适时地打开进气通道或排气通道,以便使可燃混合气(燃料与空气的混合物)及时地进入气缸,或使废气及时地从气缸内排出;而在发动机不

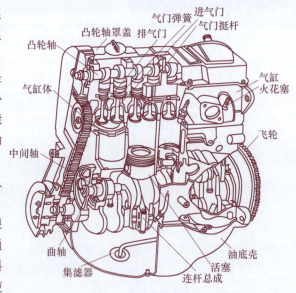

图2-2　汽油机解剖

需要进气或排气时,则利用气门将进气通道或排气通道关闭,以便保持气缸密封。

配气机构主要由气门、气门弹簧、凸轮轴、气门挺杆、凸轮轴传动机构等部件组成。

(3) 燃料供给系统　汽油机燃料供给系统的功用是根据发动机的工作需要,配制出一定数量和浓度的可燃混合气并送入气缸。

燃料供给系统有化油器式和电控燃油喷射式两种类型。化油器式燃料供给系统一般由燃油箱、汽油泵、汽油滤清器、化油器、空气滤清器、进排气装置等组成；电控燃油喷射式燃料供给系统由空气供给系统、燃油供给系统和电子控制系统组成。

（4）点火系统　汽油机点火系统的功用是根据发动机的工作需要，及时地点燃气缸内的可燃混合气。

按对点火时刻的控制方式不同，点火系统可分为传统点火系统、普通电子点火系统和微型计算机控制电子点火系统三种。传统点火系统利用机械装置控制点火时刻，通常由蓄电池、发电机、点火线圈、断电器、分电器、点火提前角调节器、火花塞和点火开关等组成。普通电子点火系统利用电子点火器控制点火时刻，其组成与传统点火系统类似，只是用电子元件取代了断电器，但仍保留部分机械装置，如真空式点火提前角调节器和离心式点火提前角调节器。微型计算机控制电子点火系统是一种全电子点火系统，完全取消了机械装置，由电控系统来控制点火时刻，通常包括蓄电池、发电机、点火线圈、分电器（有些无分电器）、火花塞和电子控制系统等。

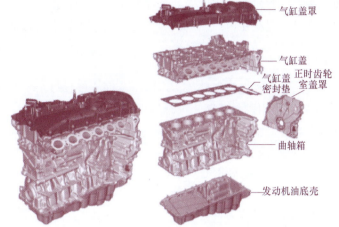

图 2-3　汽油机主要附件

（5）冷却系统　冷却系统的功用是帮助发动机散热，以保证发动机在最适宜的温度下工作。

发动机的冷却系统可分为水冷式和风冷式两种。水冷式冷却系统通常由水套、水泵、散热器、风扇、节温器等组成；风冷式冷却系统主要由风扇、散热片组成。

（6）润滑系统　润滑系统的功用是向做相对运动的零件表面输送清洁的润滑油，以减小摩擦和磨损，并对摩擦表面进行清洗和冷却。

润滑系统一般由机油泵、集滤器、限压阀、油道、机油滤清器等组成。

（7）起动系统　起动系统的功用是使发动机由静止状态进入到正常工作状态。起动系统包括起动机及其附属装置。

2. 柴油机的总体构造

四冲程水冷式柴油机由"两大机构""四大系统"组成，"两大机构"指曲柄连杆机构和配气机构，"四大系统"指燃料供给系统、冷却系统、润滑系统、起动系统。

柴油机的曲柄连杆机构、配气机构、冷却系统、润滑系统、起动系统与汽油机基本相同。由于柴油机采用压缩自燃的着火方式，所以不需要点火系统。此外，由于柴油机与汽油机使用的燃料不同，其燃料供给系统存在较大的差异，柴油机的燃料供给系统通常利用高压油泵将柴油压力提高后，再利用喷油器将高压柴油直接喷入气缸。

按对供（喷）油量等的控制方式不同，柴油机的燃料供给系统可分为传统燃料供给系统和电子控制燃料供给系统。传统燃料供给系统通常由燃油箱、柴油滤清器、输油泵、高压油泵、喷油器等组成。早期的柴油机电子控制燃料供给系统只是在传统燃料供给系统的基础上增加了一些电控元件，而后期的柴油机电子控制燃料供给系统取消了高压油泵（但有些装用高压输油泵），并用共轨取代了各缸喷油器的高压油管，使得电子控制燃料供给系统的功能更强大、精度更高。

3. 发动机的分类

汽车发动机是将燃料燃烧的热能转变为机械能的热力发动机。热力发动机可分为外燃机和内燃机。燃料在外部燃烧，燃烧的热能通过其他介质转变为机械能的发动机称为外燃机，如蒸汽机。燃料在内部燃烧，燃烧的热能直接转变为机械能的发动机称为内燃机，如汽油机和柴油机。内燃机具有热效率高、结构紧凑、体积小、便于装车、起动性能好等优点，因而应用广泛。

汽车用内燃机种类繁多，可以按不同特征加以分类。

1）按使用燃料不同，汽车用内燃机可分为汽油机、柴油机、单燃料燃气发动机、两用燃料发动机、混合燃料发动机等。

以汽油为燃料的发动机称为汽油机；以柴油为燃料的发动机称为柴油机；以单一燃气（如液化石油气或天然气）为燃料的发动机称为单燃料燃气发动机；具有两套相互独立的燃料供给系统、可分别使用两种不同燃料的发动机称为两用燃料发动机；工作时，同时使用两种燃料的发动机称为混合燃料发动机。

2）按点火方式不同，汽车用内燃机可分为点燃式发动机和压燃式发动机。

点燃式发动机是利用高压电火花点燃气缸内的混合气来完成做功的，如汽油机。它所使用的燃料一般是点燃温度低、自燃温度高的燃料。

压燃式发动机是利用高温、高压使气缸内的混合气自行着火燃烧来完成做功的，如柴油机。它所使用的燃料一般是点燃温度较高，但自燃温度较低的燃料。

3）按活塞运动方式不同，汽车用内燃机可分为往复活塞式发动机和旋转活塞式（转子式）发动机。现代汽车发动机多采用往复活塞式发动机。

往复活塞式发动机按完成一个工作循环所需活塞的行程数不同，可分为四冲程发动机和二冲程发动机。活塞上下往复四个行程完成一个工作循环的发动机称为四冲程发动机。活塞上下往复两个行程完成一个工作循环的发动机称为二冲程发动机。现代汽车发动机多采用四冲程发动机。

4）按冷却方式不同，汽车用内燃机可分为水冷式发动机和风冷式发动机。现代汽车发动机绝大多数采用水冷式，并且用冷却液代替水作为冷却介质，以防止水冬季结冰，损坏发动机。

5）按气缸数目不同，汽车用内燃机可分为单缸发动机和多缸发动机。多缸发动机有双缸发动机、三缸发动机、四缸发动机、五缸发动机、六缸发动机、八缸发动机、十二缸发动机等。现代汽车发动机多采用四缸发动机、六缸发动机和八缸发动机。

6）按气缸布置方式不同，汽车用内燃机可分为对置式发动机、直列式发动机、斜置式发动机和V形发动机。

7）按进气方式不同，汽车用内燃机可分为自然吸气（非增压）式发动机和强制进气（增压）式发动机。

二、发动机工作原理

1. 基本术语

发动机基本术语如图2-4所示。

项目二　曲柄连杆机构检修

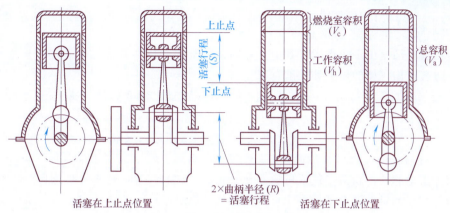

图2-4　发动机基本术语

（1）上止点　活塞在离曲轴回转中心最远处时，活塞顶所处的位置称为上止点。

（2）下止点　活塞在离曲轴回转中心最近处时，活塞顶所处的位置称为下止点。

（3）活塞行程　上止点与下止点之间的距离称为活塞行程，一般用 S 表示。

（4）曲柄半径　曲轴上连杆轴颈轴线与曲轴主轴颈轴线（曲轴回转中心）之间的距离称为曲柄半径，一般用 R 表示。活塞行程为曲柄半径的两倍，即 $S=2R$。

（5）气缸工作容积　活塞从一个止点运动到另一个止点所扫过的容积称为气缸工作容积或气缸排量，一般用 V_h 表示，单位为L，即

$$V_h = \frac{\pi D^2 S}{4} \times 10^{-6}$$

式中　D——气缸直径（mm）；
　　　S——活塞行程（mm）。

（6）燃烧室容积　活塞在上止点时，活塞顶与气缸盖之间的容积称为燃烧室容积，一般用 V_c 表示，单位为L。

（7）气缸总容积　活塞在下止点时，活塞顶上方的容积称为气缸总容积，一般用 V_a 表示，单位为L。显然，气缸总容积是气缸工作容积与燃烧室容积之和，即

$$V_a = V_c + V_h$$

式中　V_c——燃烧室容积（L）；
　　　V_h——气缸工作容积（L）。

（8）发动机排量　多缸发动机各气缸工作容积的总和称为发动机排量，一般用 V_L 表示，单位为L，即

$$V_L = V_h i$$

式中　V_h——气缸工作容积（L）；
　　　i——气缸数目。

（9）压缩比　气缸总容积与燃烧室容积之比称为压缩比，一般用 ε 表示。

$$\varepsilon = \frac{V_a}{V_c} = \frac{V_h + V_c}{V_c} = 1 + \frac{V_h}{V_c}$$

式中　V_a——气缸总容积（L）；

V_h——气缸工作容积（L）；

V_c——燃烧室容积（L）。

压缩比表示活塞由下止点运动到上止点时，气缸内的气体被压缩的程度。压缩比越大，压缩终了时气缸内气体的压力和温度越高。

（10）工作循环 在气缸内每完成一次热能与机械能的相互转换，所经历的一系列连续过程称为发动机的一个工作循环。

（11）充气效率 充气效率是指在进气过程中，实际进入气缸内的新鲜空气（或可燃混合气）的质量与在进气状态下充满气缸工作容积的新鲜空气（或可燃混合气）的质量之比。该指标用于衡量和评价新鲜空气或可燃混合气充满气缸的程度。充气效率越高，表明进入气缸内的新鲜空气或可燃混合气越多，可燃混合气燃烧时所放出的热量越大，发动机发出的功率越大，动力性能越好。

2. 发动机主要性能指标

（1）指示功率 指示功率指发动机在单位时间内所做的指示功，通过气体压力作用在气缸活塞上得出，用符号 P_i 表示。

（2）有效功率 有效功率指从发动机输出轴上输出的净功率，即指示功率减去摩擦、驱动附属件等损失后输出到飞轮上的功率，用符号 P_e 表示，单位为 kW。

$$P_e = T_e \frac{2\pi n}{60} \times 10^{-3} = \frac{T_e n}{9550}$$

式中 T_e——有效转矩（N·m）；

n——发动机转速（r/min）。

（3）有效转矩 发动机对外输出的转矩称为有效转矩，用符号 T_e 表示，单位为 N·m。它是作用在活塞顶部的气体压力通过连杆传给曲轴产生的转矩在克服摩擦、驱动附件等损失后从曲轴或飞轮对外输出的净转矩。

（4）发动机转速 发动机曲轴每分钟的回转数称为发动机转速，用 n 表示，单位为 r/min。

发动机转速的高低，关系到单位时间内做功次数的多少或发动机有效功率的大小，即发动机的有效功率随转速的不同而改变。因此，在说明发动机有效功率的大小时，必须同时指明其相应的转速。在发动机铭牌上规定的有效功率及其相应的转速分别称为标定功率和标定转速。

发动机在标定功率和标定转速下的工作状况称为标定工况。标定功率不是发动机能发出的最大功率，它是根据发动机用途而制定的有效功率的最大使用限度。同一型号的发动机，当其用途不同时，其标定功率也不相同。

（5）有效热效率 燃料燃烧所产生的热量转化为有效功的百分数称为有效热效率，用 η_e 表示。显然，为获得一定数量的有效功所消耗的热量越少，有效热效率越高，发动机的经济性越好。

（6）有效燃油消耗率 有效燃油消耗率（可简称为油耗率）是指发动机单位有效功所消耗的燃油量，用符号 g_e 表示，单位为 g/(kW·h)。g_e 可按下式计算：

$$g_e = \frac{G_T}{P_e} \times 10^3$$

式中 G_T——发动机在单位时间内消耗的燃油量（kg/h）；

P_e——发动机的有效功率（kW）。

显然，有效燃油消耗率越低，经济性越好。通常发动机铭牌上给出的有效燃油消耗率 g_e 是最小值。

3. 发动机的特性曲线

对于某一台发动机而言，其各个性能指标（有效转矩 T_e、有效功率 P_e、有效燃油消耗率 g_e）都不是一个固定的数值，而是随其运转工况（负荷、转速）的变化而变化的。发动机节气门位置不变时，其性能指标随转速而变化的关系，称为发动机速度特性。速度特性包括全负荷速度特性（即外特性）和部分负荷速度特性。发动机工作时，若转速保持一定，其经济性指标随负荷而变化的关系，称为负荷特性。在发动机特性中，其速度特性最为常用。

为便于分析发动机的速度特性，通常由发动机台架试验测取一系列数据，并以发动机转速 n 作为横坐标，发动机的有效功率 P_e、有效转矩 M_e、有效燃油消耗率 g_e 等作为纵坐标，绘制成速度特性曲线。通过分析发动机的速度特性，可找出发动机在不同的转速情况下工作时，其动力性和经济性的变化规律，及对应于最大功率（P_{emax}）、最大转矩（M_{emax}）和最小燃油消耗率（g_{emin}）时的转速，从而确定发动机工作时最有利的转速范围。

节气门全开时的速度特性称为发动机的外特性；节气门不全开时的其他任意位置所得到的速度特性都称为部分负荷速度特性。发动机的外特性表示了发动机所能得到的最大动力性能。从外特性曲线上可以看到发动机所能输出的最大功率、最大转矩以及相应的转速和燃油消耗量。汽车产品说明书上大都采用发动机外特性曲线图，但一般只标出功率和转矩曲线。

发动机外特性曲线的特征是：功率曲线和转矩曲线都为凸形曲线，有效燃油消耗率曲线则为凹形曲线，但汽油机和柴油机的外特性曲线有所不同。

在汽油发动机外特性曲线中，功率曲线在较低转速下数值很小，但随转速增加而迅速增大。当转速增加到一定区间后，功率增长速度变缓，到最大值后又开始下降。转矩曲线与功率曲线相反，它在较低转速下就能获得最大值，然后随转速上升而下降。有效燃油消耗率曲线随转速的增大而呈凹形，在中间某一转速达到最小值，不论转速增大或者减小，都会使有效燃油消耗率增大，如图 2-5a 所示。

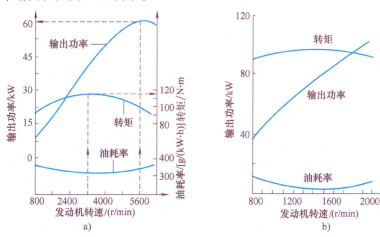

图 2-5 汽油发动机外特性曲线

a）汽油发动机外特性曲线 b）柴油发动机外特性曲线

在柴油机外特性曲线中，功率曲线是随转速上升而上升的，到了最大转速（标定转速）仍未出现曲线的最高点。转矩曲线变化平缓，在不同转速位置变化不大。有效燃油消耗率曲线不但起点数值低,而且比较平坦,如图 2-5b 所示。

虽然各种型号汽油或柴油发动机外特性曲线不完全一样,但基本还是呈现上述的形态,通过发动机外特性曲线可以了解发动机的性能和特点,了解功率、转矩、耗油量和转速之间的关系,并找出发动机最佳的工作区域。

三、发动机基本工作原理

1. 单缸四冲程汽油机工作原理

单缸四冲程汽油机每一个工作循环都有四个行程,按其作用分别称为进气行程、压缩行程、做功行程和排气行程,如图 2-6 所示。

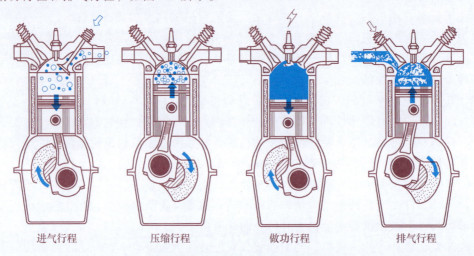

图 2-6 单缸四冲程汽油机工作原理

(1) 进气行程 在进气行程中,活塞由曲轴带动,从上止点向下止点运行,此时排气门关闭、进气门开启。由于活塞由上止点向下止点运动过程中,气缸内容积逐渐增大,形成一定的真空度,所以混合气通过进气门被吸入气缸。当活塞到达下止点时,整个气缸内充满了混合气。

(2) 压缩行程 进气行程结束后,活塞在曲轴的带动下由下止点向上止点运动,此时排气门仍处于关闭状态,而进气门开始逐渐关闭。随着活塞向上运动,气缸内容积减小,由于进气门和排气门均处于关闭状态,进入气缸内的混合气被压缩,其温度和压力升高,直到活塞到达上止点时压缩行程结束。

(3) 做功行程 当活塞运动接近压缩行程上止点时,火花塞跳火点燃气缸内的混合气,此时进气门和排气门均处于关闭状态,气缸内气体的温度和压力同时升高,从而推动活塞从上止点向下止点运动,并通过连杆推动曲轴旋转输出机械能。

(4) 排气行程 做功行程结束时,气缸内的气体将活塞推至下止点,气缸内的混合气因燃烧变为废气。此时排气门打开,进气门仍处于关闭状态,活塞在曲轴的带动下从下止点向上止点运动,气缸内的废气经排气门排出,直到活塞到达上止点时排气行程结束。

发动机工作时,需要连续不断地进行循环,在每个循环中都是依次完成进气、压缩、做功和排气四个行程。

2. 单缸四冲程柴油机工作原理

单缸四冲程柴油机工作原理与单缸四冲程汽油机工作原理一样,每个工作循环也是由进气、压缩、做功和排气四个行程组成的。但由于柴油与汽油的性质不同,使柴油机混合气的形成方式及着火方式等与汽油机有很大的区别。单缸四冲程柴油机工作原理如图2-7所示。

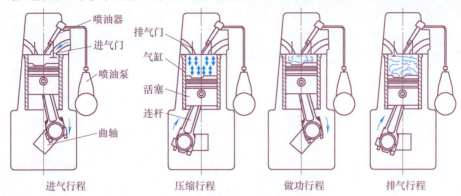

图 2-7 单缸四冲程柴油机工作原理

单缸四冲程柴油机与单缸四冲程汽油机各行程的区别如下：

（1）进气行程　在此行程进入柴油机气缸的不是混合气，而是纯空气。

（2）压缩行程　在此行程柴油机压缩的是进气行程进入气缸的纯空气，且由于柴油机压缩比大，压缩终了时气缸内的压力和温度均比汽油机高。

（3）做功行程　此行程柴油机与汽油机的差别较大，在柴油机压缩行程接近终了时，喷油器将高压柴油呈雾状喷入气缸内的高温空气中，柴油在气缸内迅速蒸发并与空气混合形成混合气，由于此时气缸内的温度远高于柴油的自燃温度（约500K），所以形成的混合气会立即自行着火燃烧，在此后的一段时间内边喷油边燃烧，气缸内的压力和温度也急剧升高，活塞被向下推动而做功。

（4）排气行程　此行程柴油机与汽油机的基本相同。

3．多缸四冲程发动机工作原理

单缸四冲程发动机的工作循环虽有四个行程，但只有做功行程为有效行程，其余三个行程均为消耗功的辅助行程。因此，单缸四冲程发动机工作时，曲轴在做功行程的转速比其余三个行程要快，即在一个工作循环内，曲轴的转速是不均匀的，因此单缸发动机存在工作不平稳、振动大的缺陷。为使发动机运转平稳，现代汽车发动机都采用多缸四冲程发动机，用得最多的是四缸、六缸和八缸发动机。

多缸四冲程发动机每一个气缸的工作循环都与单缸四冲程发动机相同，但各缸的做功行程并不同时进行，而是按一定顺序进行。不论是几缸四冲程发动机，曲轴每转两周，各缸轮流做功一次，且各缸做功行程间隔的曲轴转角均匀一致。多缸四冲程发动机各缸的做功间隔角（曲轴转角）为 $720°/i$（i为气缸数）。气缸数越多，发动机工作越平稳，但缸数增多会使发动机的结构复杂，并使其尺寸和质量增大。

四、曲柄连杆机构

曲柄连杆机构是发动机实现热能与机械能相互转换的主要机构，其主要功用是将气缸内气体作用在活塞上的力转变为曲轴的旋转力矩，从而输出动力。

曲柄连杆机构可分为机体组、活塞连杆组和曲轴飞轮组三部分。在有些发动机上，为平衡曲柄连杆机构的振动，还装有平衡轴装置。

1．机体组

机体组主要由气缸体、气缸盖、气缸垫、曲轴箱及油底壳等组成。

2. 活塞连杆组

活塞连杆组主要由活塞、活塞环、活塞销、连杆及连杆轴承等组成,如图 2-8 所示。

3. 曲轴飞轮组

曲轴飞轮组主要由曲轴、曲轴主轴承和飞轮等组成,如图 2-9 所示。

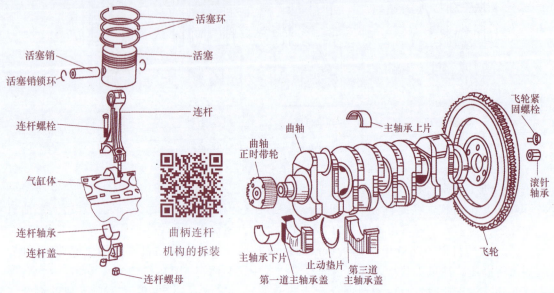

图 2-8 活塞连杆组的组成　　　　图 2-9 曲轴飞轮组的组成

五、气缸压力检测

利用对气缸压力的检测能够检查活塞环、气门以及燃烧室的密封性。

将气缸压力值与厂家维修手册中给出的压力规定值进行比较。如果所有气缸压力值都和规定值相等,则读数就是合格的;若高于规定值,则通常是由气缸中积炭引起的,积炭会提高压缩比;若低于规定值,应检查以下事项,然后重新检测气缸压力。

1) 气门与气门座是否损坏或磨损。

2) 气缸盖下平面、气缸体上平面是否变形,气缸垫是否烧蚀。

3) 活塞环是否损坏或磨损。

4) 活塞与气缸内径是否损坏或磨损。

若所有气缸的压力值都低,则说明发动机过度磨损。如果有一个或多个气缸的压力比规定值低,则可能气门或活塞环过度磨损。如果在第一个行程时压力值低,而在接下来的 3 个行程中都有一定程度的增大,但仍然低于规定值,则可能活塞环过度磨损。

如果压力值在第一个行程时低,在接下来的 3 个行程中没有增大,则可能是气门存在泄漏。如果所有的压力值都相等,但比规定值低很多,则可能活塞环和气缸都磨损,或凸轮轴正时是错误的。

如果两相邻气缸的压力值都低于规定值,则可能这两气缸之间的气缸垫烧蚀。如果某个气缸的读数是零,则可能活塞出现孔洞,或排气门严重烧蚀。

气缸压力检测步骤:

1) 起动发动机直至达到正常工作温度。

2) 取出所有火花塞。

项目二 曲柄连杆机构检修

3）将节气门置于全开位置。

4）将压力检测仪装入一个气缸的火花塞孔中,用起动机带动发动机旋转。

5）记录最高读数,依次测出各缸压力,计算各气缸之间压力值的差异。

湿气缸压力检测:从火花塞孔向气缸注入少量的润滑油后做压力检测,添加的润滑油起密封作用。如果湿气缸压力的数值比没有添加润滑油时增大很多,说明活塞环和气缸壁磨损。若压力没有升高,说明气门有故障。

任务实施

一、职业能力点

1）能根据故障现象判断是否需要进行气缸压力检测。

2）能根据检测结果分析故障部位及故障原因。

3）能正确、规范地进行气缸压力检测,并正确读数。

二、准备工作及注意事项

1）在进行气缸压力检测前,禁用点火系统和燃油喷射系统。

2）检查蓄电池电量,必要时对蓄电池进行充电。

3）将节气门调到开度最大位置,使检测过程中进入气缸的空气量不受节气门的影响。

4）由于柴油机的气缸压力比汽油机高得多,因此对于柴油机需要使用专用的压力检测仪。

5）检测过程尽可能在短时间内完成。

三、拆装及检修流程

1. 工作步骤

1）运转发动机,使其达到正常工作温度后熄灭。

2）将点火线圈一次线圈正接线柱处的导线断开,从而禁用点火系统。在无分电器点火系统中,要将点火线圈一次线圈的所有插头断开。

3）拔下燃油泵继电器,使燃油泵不工作。

4）用扳手拧松火花塞,并用压缩空气吹掉火花塞安装孔处的所有脏物。

5）将一个螺钉旋具放入节气门连杆内,使节气门处于打开状态。

6）将气缸压力检测仪安装到火花塞安装孔中。

7）打开起动机开关,观察检测仪的读数直到读数停止上升为止,如图2-10所示。气缸压力值应为1~1.3MPa,压力极限值为0.75MPa,各缸之间最大压力允许差为0.3MPa。

8）将观察到的读数记录下来。检测完所有气缸后,将每个气缸的读数进行对比。

9）使用检测仪上的泄压阀将检测仪内的压力释放掉,然后从气缸上拆下检测仪。

10）每个气缸都以相同的方式进行检测。

2. 工具

1）扳手。

2）空气压缩机。

3）气缸压力检测仪。

四、工作质量控制

1）检查工作计划中的所有项目,确认所有项目都已认真完成,并在可以解释

气缸压力的测量标准操作流程

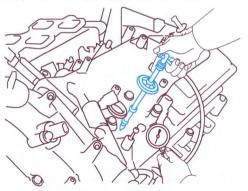

图2-10 气缸压力检测

的范围内做出全面解释。包括：

① 不工作缸的确定。

② 气缸压力检测前的准备工作。

③ 各个气缸压力的检测过程。

2）检查安全、环保方面的工作是否到位。

3）检查是否遵守规定的维修工时。

4）检查车辆、发动机是否干净整洁，护套是否取下，工具是否整理。

5）结合检测结果，指出发动机机械方面的故障。

6）考虑工作计划中的准备工作，检测仪器、工作油液和辅助材料的可使用性是否达到最佳程度，提出合理化建议，并在下一次检修时予以考虑。

7）考虑工作任务的完成过程中，是否满足发动机气缸压力检测与分析的技能点要求，提出合理化建议，做好记录，并在下一次检测分析时予以考虑。

工作任务二 机体组检修

任务分析

发动机机体组是构成发动机的骨架，是发动机各机构和各系统的安装基础。经过长期使用以后，机体组零部件可能会产生变形、裂纹和磨损过度等故障，会造成发动机气缸密封性不良，功率下降。机体组检修项目主要包括气缸体上平面、气缸体下平面检测以及气缸直径的测量，维修以换件为主。通过本任务的学习，学生应能具备汽车动力驱动系统综合分析技术（汽车动力系统检测维修）任务中机体组检修的职业技能，养成精益求精、严谨专注的职业精神。

任务实施的相关专业知识

一、气缸体的构造与维修

1. 气缸体的构造

气缸体是发动机的装配基体，其结构复杂，一般采用铸铁或铝合金材料铸造而成。

气缸为圆柱形空腔，活塞在其内部做往复直线运动，多个气缸组合成一体即为气缸体，如图 2-11 所示。

根据气缸的排列形式，气缸体主要有直列式、水平对置式（卧式）和 V 形三种结构形式。直列式气缸体的各个气缸排成一列，一般是垂直布置，如图 2-12a 所示。有时气缸呈倾斜布置，以降低发动机的高度。六缸以上的发动机为了减小发动机的整体长度，常将发动机气缸设计成两列，并使之呈 V 形布置，如图 2-12b 所示。这种结构缩短了机体长度和高度，增加了气缸体的刚度，减轻了发动机的重量，但加大了发动机的宽度，且形状较复杂，加工困难。V 形六缸发动机两列气缸的夹角通常为 90°，V 形八缸发动机两列气缸的夹角通常为 60°。

水平对置式发动机的气缸通常排成两列，两列气缸之间的夹角为 180°，如图 2-12c 所

项目二 曲柄连杆机构检修

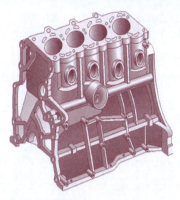

图 2-11 气缸体

示。水平对置式和 V 形气缸体与缸数相同的直列式气缸体相比，高度降低、长度缩短，但宽度增大，且发动机平衡性好。

VR 型发动机也是将气缸设计成两列，不同于 V 形气缸，它是采用 15°夹角的设计，在一个缸体上交错布置 6 个气缸，如同直列式发动机，采用一个气缸盖，这使得发动机结构更为紧凑，更有利于在狭小的空间内布置，如图 2-12d 所示。由于其采用一个气缸盖，省去了另一个气缸盖的加工制造及装配过程，降低了整机的制造成本。然而 VR 型发动机运转平顺性却远不及传统的 V 形发动机。由于传统的 V 形发动机两侧气缸采用的是 60°或 90°的夹角，其平衡趋于完美，因此运转过程中振动较小，平顺性较为出色，而 VR 型发动机由于两组气缸采用 15°的夹角，其曲轴运转不能达到平衡，因此振动加剧，平顺性明显下降。为了避免此缺陷，只能通过优化结构设计，采用复杂的平衡轴来减轻发动机运转过程中的振动，提高发动机的平顺性。

W 形发动机有两种布置形式：一种是将两排 VR 型发动机气缸排列成 72°夹角，如图 2-12e 所示。另一种是将两个 V 形并列成一个大 V 形，即将 V 形发动机的每侧气缸再进行小角度的错开（如帕萨特 W8 的小角度为 15°），如同英文字母 W，所以被称作 W 形发动机。严格来说，W 形发动机应属 V 形发动机的变种，如图 2-12f 所示。W 形发动机是德国大众专属发动机技术，其优点是结构更紧凑，可容纳更多的气缸，有更大的排量；缺点是结构复杂，运转平衡性差。

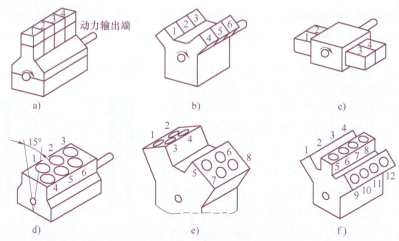

图 2-12 气缸排列方式
a）直列式 b）V 形 c）水平对置式 d）VR 型 e）、f）W 形

气缸标记是标准化的,编号是从发动机前端(动力输出端相对的一侧)开始的。在水平对置式发动机和V形发动机上从左侧气缸列开始并逐列编号,如图2-12所示。

气缸体下部包围着曲轴的部分称为曲轴箱。为安装曲轴,在曲轴箱内加工有若干个同心的主轴承座孔。曲轴箱的主要功用是保护和安装曲轴,也可用于安装发动机附件。曲轴箱有三种结构形式,如图2-13所示。曲轴箱下平面与曲轴中心线平齐的为平分式曲轴箱,此结构形式便于加工,多用于中小型发动机。曲轴箱下平面位于曲轴中心线以下的为龙门式曲轴箱,其强度和刚度均比平分式大,但工艺性较差,多用于大中型发动机。隧道式曲轴箱的主轴承座孔为整体式,其强度和刚度最高,但工艺性差,只用于少数机械负荷较大、采用组合式曲轴的发动机。

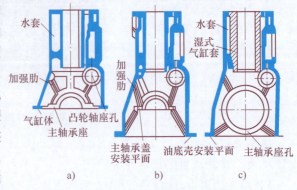

图 2-13 曲轴箱的结构形式
a) 平分式 b) 龙门式 c) 隧道式

为了保证发动机的正常工作温度,在水冷式发动机的气缸体和气缸盖内设有充水空腔,称为水套,如图2-14所示。气缸体与气缸盖内的水套是连通的。风冷式发动机的气缸体和气缸盖外面有散热片,以帮助散热,如图2-15所示。

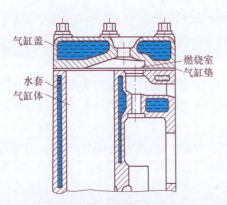

图 2-14 水冷式发动机水套

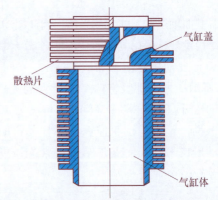

图 2-15 风冷式发动机散热片

活塞在气缸内运动,气缸表面必须耐磨,但如果气缸体全部用优质耐磨材料制造,其成本较高。因此,除一些小型发动机外,在大、中型的发动机气缸内一般镶有气缸套。气缸套有干式和湿式两种,如图2-16所示。干式气缸套不与冷却液接触,冷却效果较差,但加工和安装都比较方便,其壁厚一般为1~3mm。湿式气缸套外表面直接与冷却液接触,所以冷却效果好,但加工和安装工艺复杂,其壁厚一般为5~9mm。湿式气缸套靠上支承定位带和下支承定位带保证径向定位,而轴向定位则是利用定位凸缘来保证的。为保证水套的密封,湿式气缸套下端的密封

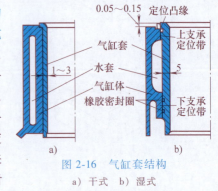

图 2-16 气缸套结构
a) 干式 b) 湿式

带与座孔之间一般装有 1~3 道橡胶密封圈，有的在定位凸缘下面还装有铜垫片。湿式气缸套安装后，一般其顶端高出气缸体上平面 0.05~0.15mm，以便气缸盖将气缸垫压得更紧，从而提高气缸的密封性。

在气缸体的侧壁上加工有主油道，在主油道与需润滑的部位（如主轴承等）之间有分油道连通。发动机工作时，润滑油经主油道和分油道输送到各摩擦表面。

在凸轮轴下置或中置的发动机气缸体上，还加工有安装凸轮轴的轴承座孔。

气缸体的上、下平面分别用于安装气缸盖和油底壳。在对气缸进行维修加工时，一般也以其上平面或下平面作为定位基准面。

2. 气缸体的清洗

对气缸体进行清洗前，应将油堵及可拆下的零件全部拆下。凸轮轴轴承和曲轴轴承等零件拆下后应做位置记号，以便准确装回原位。凸轮轴轴承拆装比较困难，铜制凸轮轴轴承不会被清洗液腐蚀，如无损坏可不必拆下。其他材质的凸轮轴轴承，价格比较便宜，一般拆下后不重复使用。

气缸体上的油污应使用清洗液进行热清洗（注意：铝合金气缸体不能使用碱性清洗液清洗），清洗后必须用清水进行彻底冲刷，以免残留的清洗液对机件产生腐蚀。气缸体清洗后，应立即在其各加工表面涂以润滑油，以防止生锈。

气缸体内加工的油道，可用油道清洁刷和热肥皂水进行清洁。气缸体内加工的油道清洁后，应立即将油堵安装好，并将气缸体放置在清洁处。

3. 气缸磨损的检查与修理

在发动机工作中，由于活塞在气缸内做往复直线运动，所以会造成气缸体的磨损。气缸体磨损严重时，会导致漏气、窜油，使发动机动力性和经济性下降。气缸的磨损程度是判断发动机是否需要大修的重要依据。因此，了解气缸磨损的原因和规律，不仅能正确地对其进行修理，而且对于正确使用汽车，减少气缸的磨损，延长发动机的使用寿命，有着重要的指导意义。

气缸内表面的磨损是不均匀的，有正常磨损和不正常磨损两大类。正常磨损时，在气缸轴线方向上呈上大下小的不规则锥形磨损，如图 2-17a 所示。在第一道活塞环上止点顶边稍下处磨损量最大，而活塞环上止点以上的气缸壁几乎没有磨损，因此在两者之间形成一个明显的台阶（缸肩）。某些情况下最大磨损可能发生在气缸中部，形成中间大的"腰鼓形"磨损（图 2-17b）。

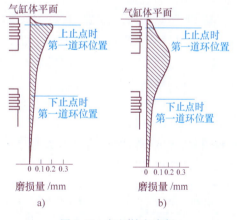

图 2-17 气缸轴向磨损

a）气缸的锥形磨损 b）气缸的腰鼓形磨损

在气缸断面上的磨损也是不均匀的，呈不规则的椭圆形。各气缸沿圆周方向最大的磨损部位随气缸结构、车型和使用条件的不同而不同，通常是位于发动机两端的气缸，因其冷却强度大，磨损量往往比中部的气缸略大。

（1）气缸磨损规律 气缸磨损是有规律的：由于气缸上部润滑较差，而且气缸内燃烧的高压气体产生在活塞的上止点附近，所以气缸的磨损一般呈上大下小的圆锥形。由于活塞在上、下止点间运动时,其侧压力使活塞贴紧气缸的左、右两侧,所以气缸在左、右两侧方向上(发动机横向)的磨损严重,而沿曲轴轴线方向上(发动机纵向)的磨损较轻。

(2)气缸磨损的检查 气缸磨损的检查如图2-18所示,使用内径百分表测量气缸直径。内径百分表的结构如图2-19所示。

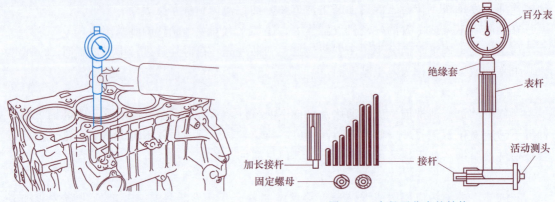

图2-18 气缸磨损的检查　　图2-19 内径百分表的结构

清除气缸壁上的油污和积炭后,在气缸的上、中、下三个不同的高度测量气缸的纵向和横向两个方向上的直径,共6个部位,如图2-20所示,根据测量结果计算出气缸的最大磨损量、圆度和圆柱度。

若气缸磨损未超过其使用极限,可更换活塞环继续使用。若气缸磨损超过使用极限,应进行镗磨修理或镶套修理,必要时进行更换。

1)镗磨气缸是指用专用的镗缸机对气缸实施镗削加工后,再对镗削后的气缸进行珩磨,镗磨气缸工艺过程如图2-21所示。

珩磨是指借助珩磨油和细珩磨石(粒度F400)以60°珩磨网纹方式(A)对气缸进行珩磨。理想的气缸表面网纹如图2-22所示。要注意,只能以粒度为F400或更细的珩磨石进行珩磨,不能使用已经磨损或破裂的珩磨条。

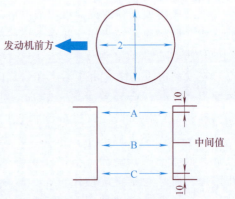

图2-20 气缸直径测量部位

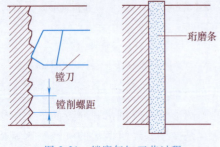

图2-21 镗磨气缸工艺过程

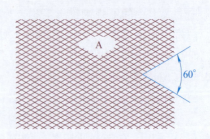

图2-22 理想的气缸表面网纹

2)气缸的镶套。无修理尺寸的气缸,或气缸虽有修理尺寸,但其磨损后的尺寸已接近或超过最后一级修理尺寸时,可用镶套法进行修理。

对无气缸套的气缸进行镶套前,必须先加工轴承孔,轴承孔内径与缸套外径采用过盈配合。对镶有干式气缸套的气缸体,应用压力机压出旧缸套,并检查轴承孔与待换缸套过盈量是否符合要求。干式气缸套与轴承孔过盈量一般为 0.03~0.08mm。新缸套应使用压力机压装,压装后的气缸套上端平面应与气缸体上平面平齐。

对装用湿式气缸套的气缸体,更换气缸套时,只需拆旧换新,不需对轴承孔进行加工。要注意,湿式气缸套装配后应高出气缸体上平面 0.05~0.15mm,以防漏液。

4. 气缸体上平面变形的检测与修理

气缸体上平面变形多是由于发动机长期过热等原因引起的,这会影响与气缸盖接合的密封性。

检测气缸体上平面的平面度时,在图 2-23 所示的六个方向上放置直尺,并用塞尺测量直尺与气缸体上平面之间的间隙,测得的最大值即为气缸体上平面的平面度误差,如图 2-24 所示。其使用极限:铝合金气缸体一般为 0.25mm,铸铁气缸体一般为 0.10mm。

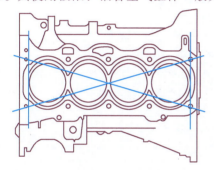

图 2-23 气缸体上平面的测量部位

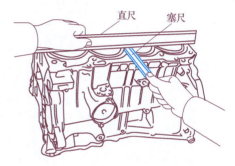

图 2-24 气缸体上平面平面度的检测

气缸体上平面的平面度误差若超过使用极限,应进行磨削或铣削加工,总加工量一般不允许超过 0.30mm。

二、气缸盖

1. 气缸盖的构造

气缸盖的功用是封闭气缸上部,并与活塞顶构成燃烧室。气缸盖结构复杂,一般采用铸铁或铝合金材料铸造而成。对具体发动机而言,气缸盖的结构各异,但有许多共同点,如图 2-25 所示。

气缸盖与气缸体接合平面上的凹坑是燃烧室的组成部分。

在气缸盖上加工有气门座、气门导管孔、气道、摇臂轴安装座孔或凸轮轴安装座孔等。为润滑安装在气缸盖上的运动零件,在气缸盖内加工有油道。

在水冷式发动机的气缸盖内设有水套,气缸盖端面上的冷却液孔与气缸体上的冷却液孔相通,以便使循环冷却液对燃烧室等高温机件进行冷却。汽油发动机的气缸盖上还加工有火花塞安装座孔,柴油发动机的气缸盖加工有喷油器安装座孔。

在缸心距较大、缸数较多的发动机上,为制造和维修方便、减小缸盖变形对气缸密封性的影响,有些采用分开式气缸盖,即一缸一盖、二缸一盖或三缸一盖等。

在气缸盖上铸有凹坑,与活塞顶部共同组成燃烧室。燃烧室应结构紧凑,冷却面积小,有良好的进气和排气涡流。汽油机常见的燃烧室形状有楔形、盆形、半球形、多边形、蓬形等,如图 2-26 所示。

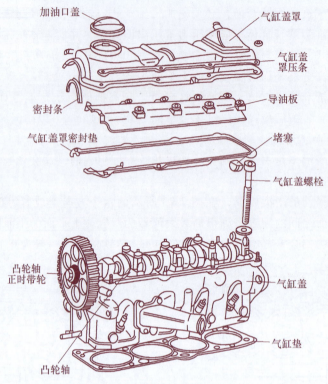

图 2-25 气缸盖

2. 气缸盖的维修

（1）气缸盖裂损的检查与修理　气缸盖裂损一般发生在水套薄壁或气门座等处，会导致漏液或漏气。裂损的原因一般是铸造引起的残余应力或使用不当。气缸盖裂损可参照气缸体裂损进行检查与修理。

（2）气缸盖平面变形的检测与修理　气缸盖平面变形多发生在与气缸体的接合平面上，会影响密封性，其原因一般是热处理不当、缸盖螺栓拧紧力矩不均或放置不当。检测方法与气缸体上平面变形检测基本相同，在六个方向上放置直尺，如图 2-27 所示。用塞尺测量直尺与气缸盖下平面之间的间隙，测得的最大值即为气缸盖下平面的平面度误差，如图 2-28 所示。平面度误差一般不能超过 0.05mm，否则应进行修理或更换。

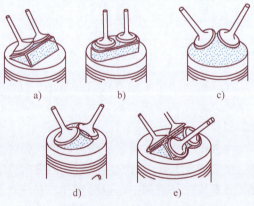

图 2-26　汽油机燃烧室形状

a）楔形燃烧室　b）盆形燃烧室　c）半球形燃烧室
d）多边形燃烧室　e）蓬形燃烧室

对铝合金缸盖的变形多用压力校正法修理，即将缸盖放置在平台上，用压力机在其凸起部分逐渐加压，同时用喷灯加热变形处，使其温度达到 300~400℃，待缸盖平面与平台贴合后保持压力直至冷却。

对铸铁气缸盖的变形一般采用磨削或铣削的方法进行修理。但切削量不能过大，一般不允许超过 0.5mm，否则将改变发动机压缩比。

项目二 曲柄连杆机构检修

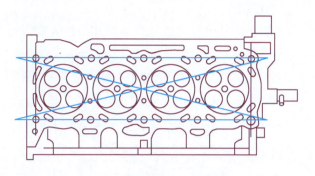

图 2-27 气缸盖下平面检测部位　　　　　图 2-28 气缸盖下平面的检测

（3）清除燃烧室积炭　燃烧室内的积炭过多，会使燃烧室有效容积变小，改变发动机的压缩比。拆下气缸盖后，若发现燃烧室积炭过多，应采用机械方法或化学方法进行清理。

（4）气缸盖的拆装　为避免气缸盖变形，拆卸气缸盖时，气缸盖螺栓应按由四周向中央的顺序分 2~4 次逐渐拧松。气缸盖螺栓拆装顺序如图 2-29 所示。

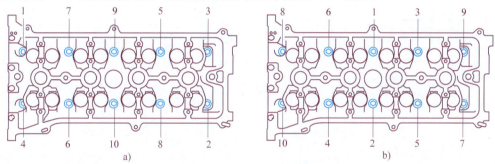

图 2-29 气缸盖螺栓拆装顺序
a）拆卸顺序　b）安装顺序

安装气缸盖时，按与拆卸相反的顺序分次逐渐拧紧气缸盖螺栓，拧紧力矩必须符合原厂规定。

三、气缸垫的构造与维修

1. 气缸垫的构造

气缸垫的结构如图 2-30 所示，安装在气缸盖与气缸体之间，功用是保证气缸体与气缸盖的接合面密封。

目前应用的气缸垫多数由金属与石棉及黏合剂压制而成，具有一定的弹性，用以补偿气缸体和气缸盖平面的平面度误差。气缸垫的冷却液孔和燃烧室孔周围有镶边，以防被高温的冷却液或气体烧坏。

2. 气缸垫的维修

气缸垫的常见故障是烧蚀击穿，其

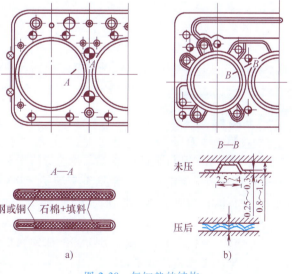

图 2-30 气缸垫的结构
a）金属-石棉气缸垫　b）纯金属气缸垫

原因主要是气缸盖和气缸体的平面不平、气缸盖螺栓拧紧力矩不足、气缸垫质量不好。气缸垫烧蚀击穿部位一般在冷却液孔或燃烧室孔周围，会导致发动机漏气或冷却液进入润滑油中。损坏的气缸垫只能更换，不能修理。

四、油底壳

油底壳的主要功用是储存润滑油并封闭曲轴箱。油底壳受力很小，一般采用薄钢板冲压而成，其形状取决于发动机的总体布置和润滑油的容量。

为了加强油底壳内润滑油的散热，在有些发动机上，采用了铝合金铸造的油底壳，在油底壳的底部还铸有相应的散热片。为了保证在发动机纵向倾斜时机油泵能经常吸到润滑油，油底壳后部一般做得较深。油底壳的结构如图 2-31 所示。油底壳内还设有挡油板，防止汽车行驶时油面波动过大。油底壳底部装有放油塞，有的放油塞是磁性的，能吸集润滑油中的金属屑，以减少发动机运动零件的磨损。

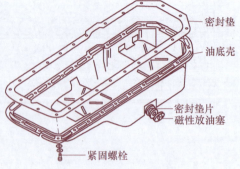

图 2-31　油底壳的结构

五、发动机支承

发动机一般通过机体和飞轮壳或变速器壳上的支承支撑在车架上。发动机的支承方法一般有三点支承和四点支承两种。三点支承可布置成前一后二或前二后一；四点支承可布置成前、后各二，如图 2-32 所示。

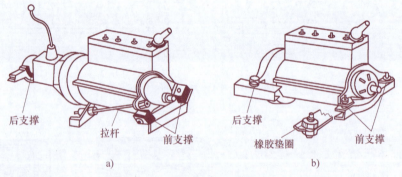

图 2-32　发动机的支承类型
a）三点支承　b）四点支承

任务实施

一、职业能力点

1）能解体发动机缸体、缸盖，并进行清洗和检查。
2）能目视检查缸体、缸盖是否有裂缝、腐蚀，检查油道、水道是否通畅，测量缸体、表面翘曲情况，检查缸体工艺孔的孔塞，确定维修内容。
3）能检查、测量及维修受损的螺纹，并安装孔塞。
4）能检查并测量气缸壁，并拆卸缸体连接件，对缸壁进行镗缸清洗，确定维修内容。

二、准备工作及注意事项

1）测量气缸直径时，使量缸表的活动测量杆同气缸轴线保持垂直，才能测量准确。当前后摆动量缸表表针指示到最小数字时，即表示活动测量杆已垂直于气缸轴线。

项目二 曲柄连杆机构检修

2)测量时,必须使量缸表与气缸的轴线保持垂直,应前后摆动量缸表,当指针指示到最小数字时,即表示测量杆与气缸轴线垂直,此读数为标准读数,当大指针顺时针方向离开"0"位时,即表示气缸直径小于标准尺寸的缸径;若逆时针方向离开"0"位时,即表示气缸直径大于标准尺寸的缸径。

三、拆装及检修流程

1. 气缸盖变形检测

(1) 工作步骤

1) 把气缸盖从发动机上拆卸下来。

2) 将气缸盖倒放在检测平台上。

3) 将精密直尺或刀口形直尺分别沿对角线和纵轴线贴靠在气缸盖下平面上。

4) 在精密直尺或刀口形直尺与气缸盖下平面间的缝隙处插入塞尺,记录测量值。平面度误差一般不能超过0.05mm,否则应进行修理或更换。

(2) 工具

1) 检测平台。

2) 精密直尺或刀口形直尺。

3) 塞尺。

2. 气缸体变形检测

(1) 工作步骤

1) 将气缸体放置在检测平台上。

2) 将精密直尺或刀口形直尺分别沿对角线和纵轴线贴靠在气缸体上平面上。

3) 在精密直尺或刀口形直尺与气缸体上平面间的缝隙处插入塞尺,记录测量值。平面度误差一般不能超过0.05mm,否则应进行修理或更换。

(2) 工具

同"气缸盖变形检测"。

3. 气缸直径测量

(1) 工作步骤

1) 将气缸盖从发动机上拆卸下来。

2) 卸下活塞连杆组和曲轴飞轮组。

3) 将气缸体放置在检测平台上。

4) 按被测气缸的标准尺寸选择合适的内径百分表接杆,装上后,暂不拧紧固定螺母。在气缸体上部距气缸上平面10mm处、气缸中部,以及气缸体下部距缸套下部10mm处,按相互垂直两个方向分别测量气缸的直径。

5) 把外径千分尺调到被测气缸的标准尺寸,将装好的内径百分表放入千分尺。

6) 稍微旋动接杆,使内径百分表指针转动约2mm,在指针对准刻度"0"处时,拧紧接杆的固定螺母。

7) 将校正后的内径百分表活动测量杆置于平行于曲轴轴线方向和垂直于曲轴轴线方向上,沿气缸轴线方向上、中、下取三个位置,共测6个数值。

8) 测量完成后,安装发动机。

(2) 工具

35

1）常用工具箱。
2）检测平台。
3）内径百分表。
4）外径千分尺。

四、工作质量控制

1）检查工作计划中的所有项目，确认所有项目都已认真完成，并在可能解释的范围内做出全面解释。包括：

①测量数据的准确性。
②各个操作步骤的正确性。
③各螺栓的拧紧力矩。

2）检查安全、环保方面的工作是否到位。
3）检查是否遵守规定的维修工时。
4）检查车辆、发动机是否干净整洁，护套是否取下，工具是否整理。
5）结合检测结果，指出发动机机械方面的故障。
6）考虑工作计划中的准备工作，检测仪器、工作油液和辅助材料的可使用性是否达到最佳程度，提出合理化建议并在下一次检修时予以考虑。
7）考虑工作任务的完成过程中，是否满足机体组检修的技能点要求，提出合理化建议，做好记录，并在下一次检测分析时予以考虑。

知识拓展

曲柄连杆机构受力分析

曲柄连杆机构所受的力主要有气体压力 F_P、往复惯性力 F_j、离心力 F_c 和摩擦力。

1. 气体压力

在发动机工作时，气体压力始终存在。由于进气、排气两行程中气体压力较小，对机件影响不大，故这里主要分析做功和压缩行程中的气体作用力。

在做功行程中，燃烧气体产生的压力直接作用在活塞的顶部，如图2-33a所示。设活塞所受总力 F_P 传到活塞销上，可分解为 F_{P1} 和 F_{P2}，分力 F_{P1} 通过活塞销传给连杆，沿连杆方向作用在曲柄销上，可分解为两个分力 F_R 和 F_S，分力 F_R 沿曲柄方向使曲轴主轴颈与主轴承间产生压紧力，与曲柄垂直的分力 F_S 对曲轴形成转矩 T，推动曲轴旋转。分力 F_{P2} 把活塞压向气缸壁，形成活塞与气缸壁间的侧压力，使气缸与活塞产生磨损，并有使机体翻转的趋势，故机体下部的两侧应固定在车架上，若有松动，将造成发动机振动。

在压缩行程中，气体压力是阻碍活塞向上运动的阻力。这时，作用在活塞顶的气体总压力 F_P' 也可以分解为两个分力 F_{P1}' 和 F_{P2}'，而 F_{P1}' 又分解为 F_R' 和 F_S'，如图2-33b所示。F_R' 使曲轴主轴颈与主轴轴承间产生压紧力，F_S' 对曲轴造成一个旋转阻力矩 T'，企图阻止曲轴旋转，而 F_{P2}' 则将活塞压向气缸的另一侧壁。

在工作循环的任何行程中，气体作用力的大小都是随活塞的位移而变化的，再加上连杆

项目二 曲柄连杆机构检修

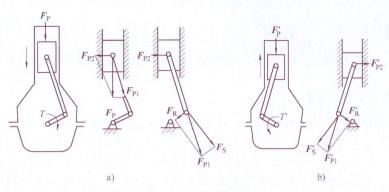

图 2-33 气体压力作用
a)做功行程 b)压缩行程

左右摇摆，因而作用在缸套、活塞、活塞销和曲轴轴颈表面上的压力和作用点不断变化，造成各处磨损不均匀。

2. 往复惯性力与离心力

往复运动的物体，当运动速度变化时，就要产生往复惯性力。当物体绕某一中心做旋转运动时，就会产生离心力。

1) 往复惯性力。由曲柄连杆机构的运动分析可知，当活塞向下运动时，前半个行程是加速运动，惯性力向上，用 F_j 表示，如图 2-34a 所示；后半个行程是减速运动，惯性力向下，以 F_j' 表示，如图 2-34b 所示。同理，当活塞向上时，前半个行程惯性力向下，后半个行程惯性力向上。活塞、活塞销和连杆小头的质量越大，曲轴转速越高，则往复惯性力也越大。它使曲柄连杆机构的各零件和所有轴颈受周期性的附加载荷，加快轴承的磨损。未被平衡的变化着的惯性力传到气缸体后，还会引起发动机的振动。

2) 离心力。偏离曲轴轴线的曲柄、曲柄销和连杆大头绕曲轴轴线旋转，会产生旋转惯性力，即离心

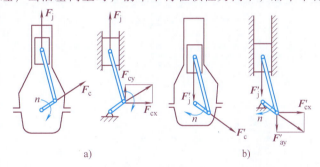

图 2-34 往复惯性力和离心力
a)活塞在上半行程时的惯性力 b)活塞在下半行程时的惯性力

力。其方向沿曲柄半径向外，大小与曲柄半径、旋转部分的质量及曲轴转速有关。曲柄半径越长，旋转部分质量越大，曲轴转速越高，则离心力越大。如图 2-34 所示，离心力 F_c 在垂直方向的分力 F_{cy} 与往复惯性力 F_j 方向总是一致的，因而加剧了发动机的上下振动。离心力使连杆大头的轴瓦和曲柄销、曲轴主轴颈及其轴承受到附加载荷的作用，增加了它们的变形和磨损。

3. 摩擦力

在任何一对相互接触并做相对运动的零件表面之间，必定存在摩擦力，其最大值取决于上述力对摩擦面形成的正压力和摩擦因数。上述各种力作用在曲柄连杆机构和机体的各有关零件上，使它们受到压缩、拉伸、弯曲和扭转等不同形式的载荷。为了保证工作可靠、减少磨损，除采用润滑油进行润滑外，在结构上必须采取相应的措施。

37

工作任务三　活塞组检修

任务分析

在高温高压气体及自身高速摩擦运动的作用下,活塞组件很容易产生裂纹、磨损、变形、断裂以及配合间隙超出允许极限等故障,甚至会造成发动机严重损伤,出现这种情况要及时对活塞组件进行检修。活塞组检修主要包括活塞直径的检测和活塞环间隙的检测,维修以换件为主。通过本任务的学习,学生应能具备汽车动力驱动系统综合分析技术(汽车动力系统检测维修)任务中活塞组检修的职业技能,养成规范、严谨、科学、创新的职业素养。

任务实施的相关专业知识

一、活塞的构造

活塞连杆组主要由活塞、活塞环、活塞销及连杆等部件组成,如图2-35所示。

活塞的功用主要是承受气缸中气体的压力,并将此压力传给连杆,以推动曲轴旋转;此外,活塞的顶部还与气缸盖和气缸共同组成燃烧室。

活塞一般都用铝合金材料铸造或锻造而成,其构造如图2-36所示,主要由活塞顶部、活塞头部和活塞裙部三部分组成,在活塞裙部的上部有活塞销座。

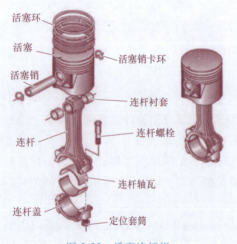

图2-35　活塞连杆组

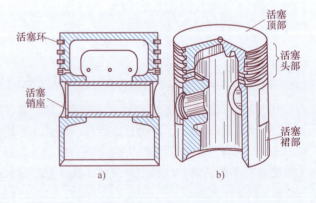

图2-36　活塞的构造
a)全剖　b)部分剖

1. 活塞顶部

活塞顶部是燃烧室的组成部分,承受高温气体的压力。

为适合各种发动机的不同要求，活塞顶部有不同的形状，如图 2-37 所示。有些活塞顶部在与气门对应的位置上有凹坑，是为防止活塞在上止点与气门相碰而设的。活塞缸位序号、加大的尺寸、安装向前标记等一般也刻在活塞顶部。

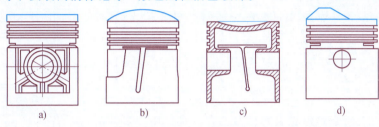

图 2-37 活塞顶部形状
a) 平顶 b) 凸顶 c) 凹顶 d) 成形顶

2. 活塞头部

活塞头部是指活塞环槽以上的部分，主要用来安装活塞环，以实现气缸的密封。

活塞头部加工有安装活塞环的环槽，一般有 3~4 道环槽，最下面的一道环槽安装油环，其他环槽安装气环。

油环环槽底部一般加工有回油孔，以便使气缸壁上多余的润滑油通过活塞内腔流回曲轴箱。有些油环环槽的底部是一条较窄的槽，除回油作用外，还有减少活塞头部向裙部传递热量的作用，所以称为隔热槽。有些活塞的隔热槽设在活塞裙部。

3. 活塞裙部

活塞环槽以下的部分称活塞裙部，为活塞的往复运动起导向作用。

发动机工作时，由于气体压力和活塞销座处金属堆积较多的影响，活塞裙部沿活塞销轴线方向膨胀量较大，所以在常温下，活塞裙部截面形状呈椭圆形，如图 2-38 所示。椭圆形长轴垂直于活塞销方向，其目的是保证热态下活塞与气缸的配合间隙均匀。

此外，在发动机工作中，由于活塞的温度从上到下逐渐降低，膨胀量逐渐减小，所以在常温下，活塞裙部直径上小下大，如图 2-39 所示。

有些活塞裙部除设有隔热槽外，还有膨胀槽，如图 2-40 所示。膨胀槽可使活塞裙部具有一定的弹性，在低温时与气缸的配合间隙较小，且高温时又不致在气缸中卡死。膨胀槽必须斜切，不能与活塞轴线平行，以防导致气缸磨损不均匀。为防止切槽处裂损，在隔热槽和膨胀槽的端部都必须加工止裂孔。活塞裙部开槽会降低其强度和刚度，一般只适用于负荷较小的发动机。

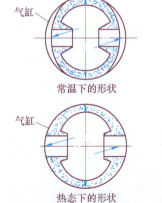 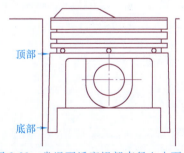 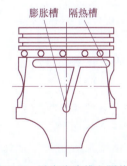

图 2-38 活塞裙部截面形状　　图 2-39 常温下活塞裙部直径上小下大　　图 2-40 活塞膨胀槽和隔热槽

为限制活塞裙部的膨胀量,有些活塞在销座中镶铸有膨胀系数较低的恒范钢片,如图 2-41 所示。

按裙部结构形式不同,活塞可分为拖板式和筒式。拖板式活塞的裙部下端沿销座轴线方向去掉一部分(图 2-40),这种结构是在行程较小的发动机上为防止活塞与曲轴上的平衡重相碰而设计的。行程较大的发动机则一般采用全裙式活塞(图 2-35),也称筒式活塞。

4. 活塞销座

活塞销座位于活塞裙部的上部,加工有座孔,用于安装活塞销。有些活塞销座孔内加工有卡环槽,以便安装活塞销卡环,防止活塞销工作时轴向窜动。为减小活塞销座处受热后的变形量,有些活塞的销座外表面是凹陷的。

在活塞内腔的活塞销座与活塞顶部之间一般铸有加强肋,以提高活塞的刚度。

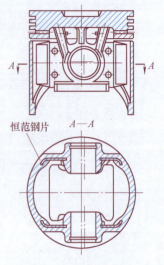

图 2-41 活塞销座中镶铸的恒范钢片

活塞销座孔轴线通常向活塞中心线左侧(由发动机前方看)偏移 1~2mm,称为活塞销偏置,目的是防止活塞在受气体压力较大的压缩行程上止点换向时,撞击气缸壁而产生"敲缸"。活塞销偏置作用原理如图 2-42 所示,活塞在压缩行程上止点,由右侧与气缸壁接触向左侧与气缸壁接触过渡时,由于活塞销偏置使活塞倾斜,左侧下端先与气缸壁接触,随着做功行程活塞向下止点移动,活塞承受向左的侧向力增大,活塞左侧上端逐渐靠向气缸壁,从而减轻了活塞换向时对气缸壁的撞击。

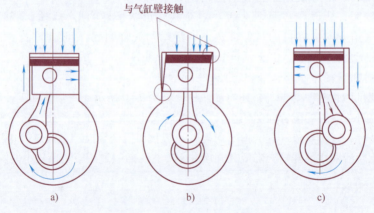

图 2-42 活塞销偏置作用原理
a)压缩行程时 b)上止点时 c)做功行程时

二、活塞的维修

活塞的常见故障是破损、烧蚀、磨损。活塞是易损零件,价格比较便宜,在汽车维修中一般不对活塞进行修理,但应查明故障原因,并予以排除。

1. 活塞的清洁

活塞上的积炭主要沉积在活塞顶部,活塞顶部积炭可用刮刀清除。若活塞环槽内有积炭,可用折断的旧活塞环磨制成合适的形状进行清除,但应注意不要刮伤活塞环槽底部。

项目二　曲柄连杆机构检修

2. 活塞破损和烧蚀的检查与修理

活塞拆出后应检查其顶部有无异常，若有撞击造成的明显凹陷甚至是裂损，应及时查明故障原因，予以排除。在发动机工作中，造成活塞受撞击损坏一般是气门间隙过小、配气相位失准、气门弹簧折断等导致活塞与气门相撞，或维修时气缸内掉入异物。对受损的活塞，若其顶部虽有凹陷但无裂损，可继续使用，若发现有裂纹或孔洞，必须更换新件。

活塞烧蚀出现在活塞顶部，轻者有疏松状麻坑，重者有局部烧熔现象。活塞烧蚀主要是由气缸内温度过高引起的。烧蚀较轻的活塞，允许继续使用，烧蚀严重时必须更换。

3. 活塞环槽磨损的检查与修理

活塞环槽的磨损通常发生在垂直方向上，第一道活塞环槽磨损最严重。活塞环槽磨损后使活塞环侧隙增大，若不及时修理或更换活塞，会导致发动机工作时燃烧润滑油和气缸压力下降等后果。

活塞环侧隙是指活塞环与活塞环槽在垂直方向上的配合间隙。如图 2-43 所示，测量时，将一新活塞环放入环槽，用塞尺测量环的侧隙。若更换新活塞环后侧隙过小，可将活塞环平放在细砂布上研磨；若侧隙过大，说明环槽磨损，可将环槽车削加宽并更换成加厚的活塞环，也可在活塞环上方加装组合式油环的刮油钢片。普通发动机的活塞很便宜，一般可将活塞环与活塞一起更换。

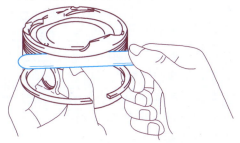

图 2-43　活塞环槽磨损的检查

4. 活塞直径的测量

活塞直径应在垂直活塞销方向的裙部进行测量，测量的位置随着发动机型号不同而有不同的规定，如图 2-44 所示。应按原厂规定位置测量活塞直径，几种常见车型的活塞直径测量位置及配缸间隙见表 2-1。

a)

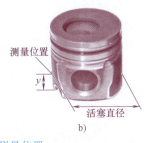
b)

图 2-44　活塞直径测量位置

a) 到活塞顶部距离 x　b) 到活塞底部距离 y

表 2-1　几种常见车型的活塞直径测量位置及配缸间隙

车型	活塞直径测量位置/mm		配缸间隙/mm	
	x	y	标准值	使用极限
上海桑塔纳	—	15	0.03~0.08	—
一汽捷达	—	15	0.03~0.08	—
北京切诺基	42	—	0.023~0.043	—
广州本田雅阁	—	11	0.02~0.04	0.05
丰田雷克萨斯 LS400	49	—	0.02~0.04	0.06

活塞直径测量完成后，即可计算出活塞与气缸之间的间隙。如果间隙接近或超过维修极限，应检查活塞和气缸的过度磨损处。一般维修极限在 0.08mm 左右。

5. 活塞刮伤的检查与修理

活塞刮伤一般都有明显的痕迹，轻度刮伤的活塞，如果不影响与气缸的配合间隙，允许用细砂布研磨后继续使用；刮伤严重的活塞必须更换，并根据下述情况查明故障原因：

1）活塞裙部两侧同时出现刮伤，通常是活塞与气缸配合间隙过小所致。

2）活塞裙部垂直活塞销方向的一侧刮伤，通常是怠速转速过低使缸壁润滑不良或发动机长期大负荷工作，而导致活塞受侧压力较大的一侧刮伤。

3）活塞裙部两侧销座处刮伤，通常是活塞销与座孔配合过紧，受热后沿活塞销方向膨胀量过大造成的。

4）活塞与气缸配合间隙过大，将会引起第一道环槽的上部磨损或刮伤。

5）刮伤部位出现在一侧活塞销座的上方，通常是连杆变形造成的。

6. 活塞的拆装

在发动机工作中，活塞与气缸进行了良好的自然磨合，在拆装时不允许各缸活塞互换。因此，从气缸内拆出活塞时，必须注意活塞顶部有无缸位标记，如果没有，应做缸位标记。

活塞的方向一般不能装错，在活塞顶部有箭头、缺口标记的，通常应朝向发动机前方，裙部有膨胀槽的，应朝向承受侧压力较小的一侧。

三、活塞的选配

更换新活塞时，应选用与气缸标准尺寸或修理尺寸等级相同的活塞，同一台发动机应选用同一型号的一组活塞。此外，还必须对活塞进行选配。

1. 活塞质量选配

为保证发动机的平衡，更换新活塞时必须仔细称量活塞的质量，新活塞质量与旧活塞质量应相同，即使加大尺寸的活塞也应如此。同组活塞的质量误差不应超过规定值，否则应适当车削裙部内壁或重新选配。

2. 活塞与气缸的选配

活塞与气缸选配的目的是保证其配合间隙符合标准。测量活塞裙部直径和气缸直径，并计算其配合间隙，配合间隙应符合标准。

四、活塞环的构造与维修

1. 活塞环的功用

活塞环安装在活塞环槽内，按其功用可分为气环和油环两类，如图 2-45 所示。气环又称压缩环，其功用是密封活塞和气缸之间的间隙，防止漏气和窜油，并将活塞承受的热量传给气缸。油环的功用是刮去气缸壁上多余的润滑油，并在气缸壁上均匀布油。一般发动机上装有两道气环和一道油环。

2. 活塞环的构造

活塞环虽然叫环，但在环上切有一个开口，称为活塞环开口。活塞环开口不仅便于拆装，而且可以使活塞环直径略大于气缸直径，靠其弹性在缸内压紧气缸壁，以加强密封性。

在各种发动机上装用的气环按其断面形状可分为矩形环、锥形环、梯形环、桶面环、扭曲环、反扭曲锥形环，如图 2-46 所示。其中扭曲环分为内切环和外切环两种，内切环的切口在其内圆上边，外切环的切口在其外圆下边。

项目二 曲柄连杆机构检修

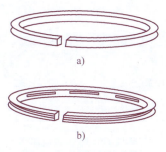

图 2-45 活塞环的分类
a) 气环 b) 油环

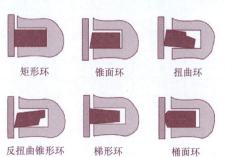

图 2-46 气环断面形状

(1) 矩形环 断面为矩形,其结构简单,制造方便,易于生产,与气缸壁接触面积大,有利于活塞散热,但磨合性差。矩形环随活塞往复运动时,会把气缸壁面上的润滑油不断挤入燃烧室中,产生"泵油作用",容易使润滑油消耗量增加,导致活塞顶及燃烧室壁面积炭过多。矩形环的泵油作用如图 2-47 所示。

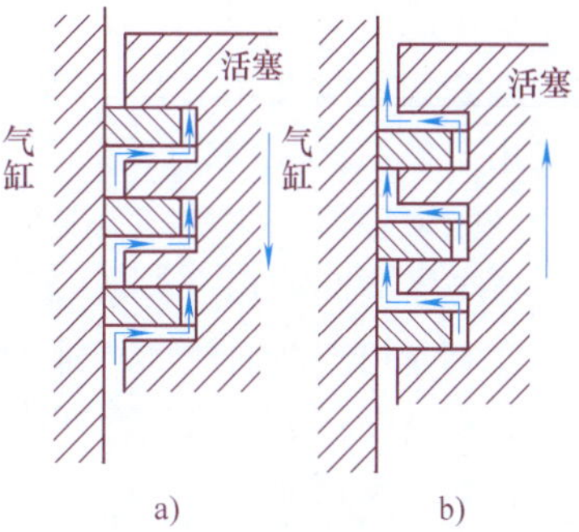

(2) 锥形环 环外圆面为圆锥角很小的锥形,减小了环与气缸壁的接触面,提高了表面接触压力,有利于磨合和密封。活塞下行时,便于刮油;活塞上行时,由于锥面的"油楔"作用,锥形环滑越过气缸壁上的油膜而不致将润滑油带入燃烧室。安装时,在环的上侧面标有向上的记号,不能装反,否则会引起油上窜。

(3) 扭曲环 断面不对称的气环装入气缸后,产生不平衡力的作用,使活塞环发生扭曲变形,故称扭曲环。在环的内圆部分切槽或倒角的称内切环,在环的外圆部分切槽或倒角的称外切环。活塞上行时,扭曲环上带着残余油膜上浮,可以减小摩擦,降低磨损;活塞下行时,则有刮油效果,避免润滑油燃烧。同时,由于扭曲环在环槽中上、下跳动的行程缩短,可以减轻"泵油"的副作用。安装时,必须注意断面形状和方向,内切口朝上,外切口朝下,不能装反。

图 2-47 矩形环的泵油作用
a) 活塞下行 b) 活塞上行

(4) 梯形环 断面呈梯形,其特点是抗粘接性好,密封作用强,使用寿命长,但上、下两面的精磨工艺较复杂。当活塞头部温度很高时,窜入第一道环槽中的润滑油容易结焦并将气环粘住,梯形环的侧隙和背隙随侧压力的方向不同而不断地改变,将环槽中的积炭挤出。

(5) 桶面环 桶面环普遍应用在柴油机中作为第一道环。桶面环的外圆面为凸圆弧形,其密封性、磨合性及对气缸壁表面形状的适应性都比较好。桶面环不论上行还是下行时,均能形成楔油膜,使润滑油容易进入摩擦面,减小磨损。

油环的刮油作用如图 2-48 所示。当上行和下行时,能将气缸壁上多余的润滑油刮下来,经活塞环槽上的回油孔流回油底壳。

油环可分为整体式和组合式两种。整体式油环如图 2-49 所示,一般用在负荷较大的发动机上,其外圆中部切有环槽,槽底开有若干回油孔。发动机工作时,利用上、下两个板状环形刃口将气缸壁上的多余润滑油刮下,并通过回油孔流回曲轴箱。

43

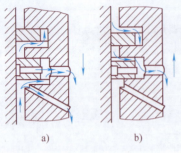

图 2-48 油环的刮油作用
a) 活塞下行 b) 活塞上行

图 2-49 整体式油环

多数轿车发动机都采用三件组合式油环,它由上、下两片刮油片和一个衬簧组成,如图 2-50 所示。刮油片很薄,其刮油作用强,对防止润滑油窜入燃烧室更有利。

3. 活塞环的拆装

拆装气环应使用专用卡钳。若手工拆装活塞环时,应先用布包住活塞环开口端部,然后用两手拇指使活塞环开口张大。但应注意,不要使活塞环开口两端上下错开,以免活塞环变形或折断。

图 2-50 组合式油环

安装非矩形断面的气环时,应注意活塞环端面上是否有 "TOP" 等标记,若有,有标记的一面应向上;内切口扭曲环的切口应向上,外切口扭曲环的切口应向下。若活塞环装反,会导致漏气和窜油。

组合式油环的安装如图 2-51 所示。安装顺序是衬簧、上刮油片、下刮油片,衬簧接头处不能重叠过多,安装后两刮油片开口应相对并与衬簧接头错开 90°。

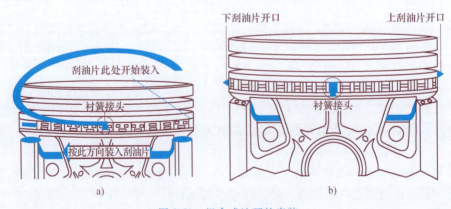

图 2-51 组合式油环的安装
a) 刮油片的安装 b) 开口位置

活塞环开口方向的布置直接影响气缸的磨损和密封性,开口方向的布置形式很多,但最好按原车要求进行。常见的活塞环开口方向的布置形式如图 2-52 所示。除全裙式活塞外,一般活塞环开口不应与活塞销对正,同时开口应尽量避开做功时活塞与气缸壁接触的一侧。

项目二 曲柄连杆机构检修

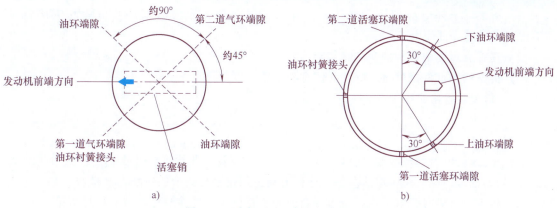

图 2-52 活塞环开口方向的布置形式

a) 本田某款轿车活塞环开口方向 b) 别克某款轿车活塞环开口方向

4. 活塞环的选配

更换活塞环时，应选用与气缸和活塞同一修理尺寸级别的活塞环，同时还应检查其侧隙和端隙是否符合标准，以保证活塞环与环槽和气缸的良好配合。轿车活塞环侧隙一般为 0.03~0.07mm，端隙为 0.10~0.50mm。

活塞环侧隙的检查如图 2-43 所示。检查活塞环端隙时，将新的活塞环放入气缸内，使活塞倒置，将活塞环推到距离气缸底部 15~20mm 处，如图 2-53 所示。然后将塞尺插入活塞环开口检查其间隙值，如图 2-54 所示。若活塞环端隙过小，可进行锉修；若活塞环端隙过大或有其他损坏，则必须更换。

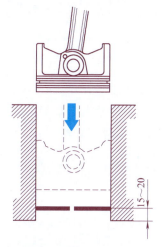

图 2-53 将活塞环放入气缸

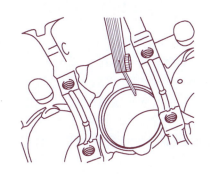

图 2-54 用塞尺检查活塞环端隙

任务实施

一、职业能力点

1) 能检查、测量、维修或更换活塞、活塞环。
2) 能正确进行活塞环的选配。

二、准备工作及注意事项

以大众 AFE 发动机为例：

1）拆装活塞环时应使用专用工具。安装活塞环时，应使活塞环开口错开120°，有"TOP"记号的一面朝上。

2）在拆装过程中，特别要注意装配记号。

3）拆下的零部件按顺序放好，并注意不要损坏零件。

三、拆装及检修流程

1. 活塞拆装

（1）工作步骤

1）将要拆卸的活塞连杆组转到活塞处于下止点位置，并检查活塞顶、连杆大端处有无记号。如无记号，应按次序在活塞顶、连杆大端上用钢字号码或尖锐锐上记号。

2）拆下连杆螺母，取下连杆端盖、衬垫和连杆轴承，并按顺序放好，以免搞错。

3）用活塞环拆装钳拆下活塞环，观察活塞环装配记号，清洗活塞组各零件。

（2）工具

1）活塞环拆装钳。

2）常用工具箱。

3）工作平台。

2. 活塞直径测量

（1）工作步骤

1）检查活塞直径。在活塞下部离裙部底边约15mm、与活塞销垂直方向处测量。活塞直径与标准尺寸的最大偏差量为0.04mm。

2）根据测量结果，对照桑塔纳轿车维修规范的要求，判断活塞直径的修理尺寸。

（2）工具　外径千分尺。

3. 活塞环间隙测量

（1）工作步骤

1）检查活塞环侧隙。以AFE发动机为例，新活塞环侧隙应为0.02～0.05mm，磨损极限值为0.15mm。

2）检查活塞环端隙。以AFE发动机为例，将活塞环垂直压过气缸约15mm处，用塞尺检查活塞环端隙。对于新环，第一道气环端隙应为0.30～0.45mm，第二道气环端隙应为0.25～0.40mm，油环端隙应为0.25～0.50mm，活塞环端隙磨损极限值为1.00mm。

（2）工具

1）检测平台。

2）塞尺。

3）AFE发动机。

四、工作质量控制

1）检查工作计划中的所有项目，确认所有项目都已认真完成，并在解释的范围内做出全面解释。

2）检查安全、环保方面的工作是否到位。

3）检查是否遵守规定的维修工时。

4）检查车辆、发动机是否干净整洁，护套是否取下，工具是否整理。

5）结合检测结果，指出发动机机械方面的故障。

项目二 曲柄连杆机构检修

6）考虑工作计划中的准备工作，检测仪器、工作油液和辅助材料的可使用性是否达到最佳程度，提出合理化建议并在下一次检修时予以考虑。

7）考虑工作任务的完成过程中，是否满足活塞组检修的技能点要求，提出合理化建议，做好记录，并在下一次检测分析时予以考虑。

工作任务四 连杆组检修

任务分析

连杆组件经过长期使用以后，容易产生连杆杆身弯曲变形和裂纹、连杆螺栓变形和折断、连杆轴承损伤等故障。连杆组检查项目主要包括连杆变形检测、活塞销的检测。连杆组维修以换件为主。通过本任务的学习，学生应能具备汽车动力驱动系统综合分析技术（汽车动力系统检测维修）任务中连杆组检修的职业技能，养成规范、严谨、吃苦耐劳的职业精神。

任务实施的相关专业知识

一、活塞销的构造

1. 活塞销的结构

活塞销为空心管状结构，外表面为圆柱形，内孔形状有圆柱形、截锥形和组合形，如图2-55所示。圆柱形孔容易加工，但圆柱形孔的活塞销质量较大。截锥形孔加工较复杂，但有利于减小活塞销的质量。组合形孔的活塞销性能介于二者之间。

活塞销的连接方式有半浮式和全浮式两种，如图2-56所示。半浮式连接是在发动机工作时，活塞销与活塞销座孔为间隙配合，而活塞销与连杆小头为过盈配合，活塞销只能在活塞销座孔内浮动。全浮式连接是在发动机工作时，活塞销与连杆小头和活塞销座孔均为间隙配合，活塞销可在活塞销座孔和连杆小头的衬套孔内自由转动。

采用半浮式连接，连杆小头不必装连杆衬套，从而减少了连杆衬套的维修作业，但活塞销磨损不均匀。采用全浮式连接，必须在活塞销座孔两端装入卡环，以防止活塞销窜动而刮伤气缸，全浮式活塞销磨损均匀。

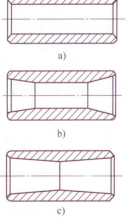

图2-55 活塞销
a）圆柱形孔 b）组合形孔
c）截锥形孔

2. 活塞销的拆装

采用半浮式连接的活塞销，必须在压力机上拆卸或安装，在维修中若不更换活塞，就不必拆下活塞销。采用铝合金活塞时，活塞销在常温下与座孔为过渡配合，安装时先将活塞在温度为70~80℃的水中或油中加热，然后将活塞销装入。

47

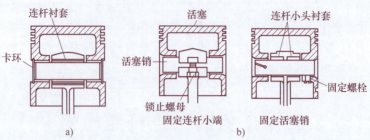

图 2-56 活塞销的连接方式
a) 全浮式连接 b) 半浮式连接

拆卸活塞销时,应将活塞和连杆按缸位摆放好,以免装错。同时,应注意活塞与连杆上是否有安装方向标记,如果没有,应做标记,以便安装时保证其正确的方向。活塞和连杆上的安装标记如图 2-57 所示,安装活塞销时应使标记在同一侧,活塞连杆组件安装到气缸内时标记应朝向发动机前方。

3. 活塞销与活塞销座孔的选配

在发动机工作中,活塞销座孔一般比活塞销更容易磨损。活塞销座孔磨损后,因修理成本较高,一般都更换活塞,并同时更换活塞销和活塞环。

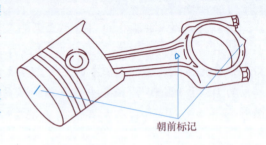

图 2-57 活塞和连杆上的安装标记

更换活塞销时,活塞销应与活塞销座孔进行选配。采用半浮式连接的活塞销,将活塞放置在销座孔处于垂直方向的位置上,在常温下活塞销应能靠自重缓缓通过活塞销座孔。采用全浮式连接的活塞销,在活塞加热到 70~80℃ 时,应能用手掌心将涂有润滑油的活塞销推入座孔。若不符合上述要求,过松或过紧均应重新选配活塞销,对采用全浮式连接的活塞销,允许通过铰削或镗削活塞销座孔的方法达到配合要求。

二、连杆的构造

连杆的功用是将活塞承受的气体压力传给曲轴,使活塞的往复直线运动变为曲轴的旋转运动。连杆由连杆小头、连杆杆身和连杆大头(包括连杆盖)三部分组成,如图 2-58 所示。

连杆小头与活塞销相连,当采用全浮式连接的活塞销时,在连杆小头孔内装有连杆衬套。为润滑连杆衬套和活塞销,在连杆小头和连杆衬套上加工有集油孔或集油槽。

连杆大头是分开的,分开的部分称为连杆盖,连杆盖与连杆用连杆螺栓连接。连杆螺栓是特制的,其根部有一段直径较大的部分,它与螺栓孔配合起定位作用,防止装配时连杆盖与连杆错位。为保证连杆螺栓连接更加可靠,一般都采用了开口销、自锁螺母或双螺母等锁止装置,以防工作时松动。

连杆大头连接曲轴上的连杆轴颈,其内孔装有两半的连杆轴承,轴承有一定的弹性,安装后轴承背面与连杆大头内孔紧密贴合,形成过盈配合。连杆大头的内孔加工有连杆轴承定位凹槽,安装时轴承背面的凸键卡在凹槽中,使连杆轴承正确定位。连杆轴承的内表面加工有油槽,用以储油保证可靠润滑。有些连杆轴承及连杆大头还加工有径向小油孔,从油孔中喷出的油可使气缸壁得到更好的润滑。

项目二 曲柄连杆机构检修

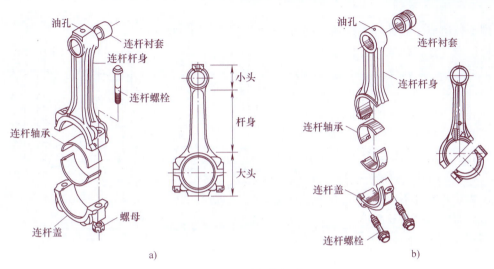

图 2-58 连杆的组成

连杆大头与连杆盖按切分面方向可分为平切口和斜切口两种,采用最多的是平切口。有些负荷较大的柴油发动机连杆,连杆大头直径比气缸直径大,为拆装时能使连杆通过气缸,连杆大头与连杆盖切分面采用斜切口形式。斜切口的连杆盖与连杆大头一般不是靠连杆螺栓与螺栓孔配合定位,而是有的在连杆盖的螺栓孔内压装一个定位套与连杆大头螺栓孔配合定位,有的则在切分面上采用锯齿定位、定位套定位、定位销定位或止口定位,如图2-59所示。

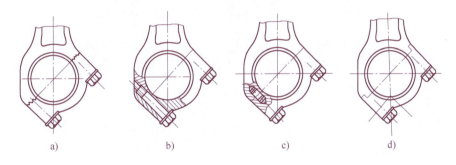

图 2-59 斜切口连杆大头的定位方式
a) 锯齿定位 b) 定位套定位 c) 定位销定位 d) 止口定位

连杆大头一般都是对称的,但也有部分发动机(多数是V形发动机)为减小连杆大头的轴向尺寸,采用偏位连杆,如图2-60a所示,即连杆大头两端面与连杆杆身中心平面不对称。偏位连杆安装时方向不能装反,V形发动机装在同一连杆轴颈上的连杆应短面相对,直列式发动机偏位连杆的短面应朝向曲轴主轴颈,如图2-60b所示。

V形发动机左、右两侧对应的两个气缸的连杆装在曲轴的一个连杆轴颈上,通常有三种形式,即并列连杆式、主副连杆式和叉形连杆式。

(1)并列连杆式 两个完全相同的连杆一前一后并列地安装在同一个连杆轴颈上,如图2-61a所示。连杆结构与上述直列式发动机的连杆基本相同,只是大头宽度稍小一些。并列连杆的优点是前、后连杆可以通用,左、右两列气缸的活塞运动规律相同;缺点是两列气缸沿曲轴纵向需相互错开一段距离,从而增加了曲轴和发动机的长度。

49

（2）主副连杆式　一个主连杆和一个副连杆组成主副连杆，副连杆通过销轴铰接在主连杆体或主连杆盖上，如图 2-61b 所示。一列气缸装主连杆，另一列气缸装副连杆，主连杆大头安装在曲轴的连杆轴颈上。主副连杆不能互换，且副连杆对主连杆施加附加弯矩，两列气缸中活塞的运动规律和上止点位置均不相同。采用主副连杆的 V 形发动机，其两列气缸不需要相互错开，因而不会增加发动机的长度。

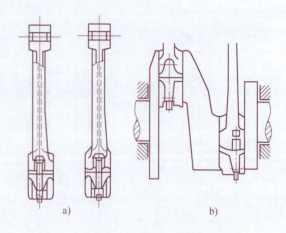

图 2-60　偏位连杆及其安装
a）偏位连杆　b）直列式发动机偏位连杆的安装

（3）叉形连杆式　指一列气缸中的连杆大头为叉形，另一列气缸中的连杆与普通连杆类似，只是大头的宽度较小，一般称为内连杆，如图 2-61c 所示。叉形连杆的优点是两列气缸中活塞的运动规律相同，两列气缸无须错开；缺点是叉形连杆大头结构复杂，制造比较困难，维修也不方便，且大头刚度较差。

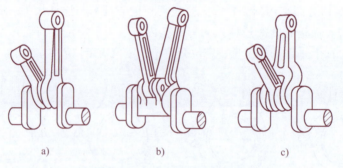

图 2-61　V 形发动机连杆形式
a）并列连杆式　b）主副连杆式　c）叉形连杆式

三、连杆的维修

1. 连杆的拆装

连杆大头内孔是与连杆盖配对装合后加工的，而且连杆装配后的质量在出厂时都有较严格的控制。因此，连杆和连杆盖的组合不能装错，一般都刻有配对标记（常用数字），拆装时必须注意。

连杆上的喷油孔和偏位连杆都有方向性，为保证连杆大头和连杆小头与配合件的配合位置，连杆的杆身上刻有朝前标记（图 2-57），并在连杆大头侧面刻有缸位序号，装配时不可装反，也不可装错缸位。

连杆螺栓必须根据不同发动机的要求按规定力矩拧紧。带开口销的，不可漏装开口销。

2. 连杆变形的检查和校正

连杆变形主要是弯曲变形和扭曲变形，其危害是导致气缸、活塞和连杆轴承异常磨损。对采用全浮式连接的活塞销，连杆弯曲可能会引起活塞销卡环脱出。连杆变形量的检查必须使用专用的连杆检测仪器。

检查连杆变形时，将连杆轴承盖装好，活塞销装入连杆小头，再将连杆大头固定在检测器的定心轴上，然后把三点式量规的V形槽贴紧活塞销，用塞尺测量检测器平面与量规指销之间的间隙。三点式量规有三个指销，上面一个、下面两个。若三个指销均与检测器平面接触，说明连杆无变形；若仅上面一个指销（或下面两个指销）与检测器平面有间隙，说明连杆有弯曲变形，如图2-62所示，间隙大小反映了连杆的弯曲程度；若量规下面的两个指销与检测器平面的间隙不同，说明连杆有扭曲变形，如图2-63所示，两指销的间隙差反映了连杆的扭曲程度；若上述两种情况并存，说明连杆既有弯曲变形，又有扭曲变形。连杆弯曲或扭曲超过其允许极限时，应进行校正或更换连杆。

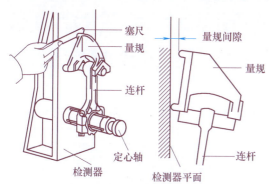

图2-62　连杆弯曲变形的检查

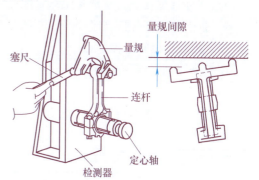

图2-63　连杆扭曲变形的检查

四、活塞销与连杆的选配

1. 半浮式活塞销与连杆小头的选配

采用半浮式连接的活塞销与连杆小头为过盈配合，过盈量一般为0.01～0.04mm。活塞销与连杆小头孔不允许试装，只能通过测量尺寸进行选配。

2. 全浮式活塞销与连杆衬套的选配

在维修中，若活塞销与连杆衬套配合间隙过大，或更换活塞和活塞销时，必须更换连杆衬套，以保证其正常配合。连杆衬套与连杆小头孔应有适量的过盈量，以防止工作时衬套转动或轴向窜动。新衬套可用台虎钳压入连杆小头。有些发动机的连杆衬套无加工余量，压装后不需修配。对有加工余量的连杆衬套，压入连杆小头后，需进行以下修配：

（1）对连杆衬套进行铰削或镗削　铰削或镗削连杆衬套时，注意控制加工余量，以免将连杆衬套孔铰大或镗大。

（2）对活塞销与连杆衬套进行研磨　研磨时，用台虎钳夹住活塞销，在活塞销与连杆衬套中注入少量润滑油，将带衬套的连杆装到活塞销上，来回转动连杆并使其沿活塞销轴线方向前后移动。研磨后，活塞销与连杆衬套配合间隙一般应为0.004～0.010mm，或使连杆与水平面成75°角时活塞销能停留在连杆衬套孔中，轻拍连杆时活塞销在连杆衬套孔中徐徐下降。

注意：研磨后，活塞销与衬套接触面积应在75%以上。

任务实施

一、职业能力点

1）能检查、测量、维修或更换连杆。

2）能检查、测量、维修或更换活塞销、活塞销衬套及卡环。

3）通过连杆的对称情况鉴别活塞销磨损情况，确定维修内容。

4）能按修手册更换和紧固连杆螺栓。

5）能正确选配连杆和活塞销。

二、准备工作及注意事项

1）拆卸活塞销时，先将活塞和连杆总成加热至70℃，然后拆卸活塞销。

2）拆卸活塞销卡环时，注意避免将它们弹起，且要带上护眼罩。

3）在拆装过程中，特别要注意装配记号。

4）拆下的零部件按顺序放好，并注意不要损坏零件。

三、拆装及检修流程

1. 检测活塞销油膜间隙

（1）工作步骤

1）使用内径百分表测量活塞销孔内径，如图2-64所示。如果实际测量值超出允许值，则更换活塞。

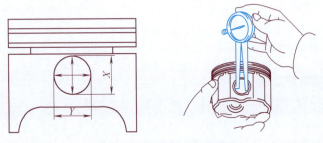

图2-64　活塞销孔内径的测量

2）使用外径千分尺测量活塞销外径，如图2-65所示，在3个位置共6个方向上进行测量。如果实际测量值超出允许值，则更换活塞销。

3）使用内径百分表测量连杆小头内径，如图2-66所示。如果实际测量值超出允许值，则更换连杆。

4）计算出活塞销孔径、连杆小头与活塞销之间的油膜间隙。如果超出最大允许值，更换连杆，必要时更换连杆和活塞销总成。

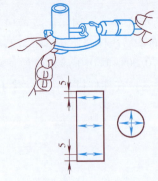

图2-65　活塞销外径的测量

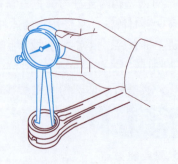

图2-66　连杆小头内径的测量

(2)工具

1)外径千分尺。

2)内径百分表。

3)检测平台。

2. 连杆轴向间隙和径向间隙的检测

(1)工作步骤

1)检查连杆轴向间隙。用塞尺在连杆和曲轴之间检查连杆轴向间隙,如图2-67所示。如果连杆轴向间隙超出允许范围,则安装一个新的连杆,并重新检查。如果仍然超出范围,则更换曲轴。

2)检查连杆径向间隙。拆下连杆盖和轴承,用干净的抹布清理连杆轴颈和轴承,在连杆轴颈上放置塑料间隙规,重新安装轴承和连杆盖,然后按规定力矩拧紧螺栓。注意检查过程中不要转动曲轴。拆下连杆盖,测量塑料间隙规最宽部位,如图2-68所示。

(2)工具

1)塑料间隙规。

2)常用工具箱。

3)塞尺。

4)抹布。

3. 检测连杆变形

(1)工作步骤

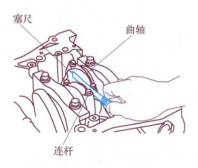

图 2-67 连杆轴向间隙的检查

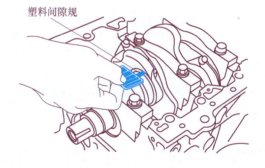

图 2-68 连杆径向间隙的检查

1)检查连杆的弯曲变形量,如图2-62所示。一般在100mm长度上,连杆的弯曲变形量不超过0.05mm。

2)检查连杆的扭曲变形量,如图2-63所示。一般连杆扭曲变形量不超过0.15mm。

(2)工具

1)连杆检测器。

2)常用工具箱。

3)量规。

4)塞尺。

5)抹布。

四、工作质量控制

1）检查工作计划中的所有项目，确认所有项目都已认真完成，并在解释的范围内做出全面解释。

2）检查安全、环保方面的工作是否到位。

3）检查是否遵守规定的维修工时。

4）检查车辆、发动机是否干净整洁，护套是否取下，工具是否整理。

5）结合检测结果，指出发动机机械方面的故障。

6）考虑工作计划中的准备工作，检测仪器、工作油液和辅助材料的可使用性是否达到最佳程度，提出合理化建议并在下一次检修时予以考虑。

7）考虑工作任务的完成过程中，是否满足连杆组检修的技能点要求，提出合理化建议，做好记录，并在下一次检测分析时予以考虑。

工作任务五 曲轴飞轮组检修

任务分析

曲轴经过长期使用以后，各轴颈会产生不均匀的磨损。由于发动机工作不平稳，各轴颈受力不均衡，发动机超负荷及主轴颈和连杆轴颈间隙过大等原因，曲轴会产生弯曲变形。曲轴飞轮组检查项目主要包括曲轴轴向间隙、径向间隙及曲轴弯曲变形的检测。曲轴维修以换件为主。通过本任务的学习，学生应能具备汽车动力驱动系统综合分析技术（汽车动力系统检测维修）任务中曲轴飞轮组检修的职业技能，养成踏实认真、一丝不苟的职业精神。

任务实施的相关专业知识

一、曲轴的构造

曲轴飞轮组主要由曲轴、飞轮、正时齿轮（正时同步带轮或正时链轮）、带轮及扭转减振器等组成，如图2-69所示。不同的发动机其曲轴飞轮组的零件和附件有所不同。

1. 曲轴的功用和基本组成

曲轴的功用是承受连杆传来的力，并由此产生绕自身轴线的旋转力矩，该力矩通过飞轮输送给底盘驱动汽车行驶。曲轴还用来驱动发动机的配气机构和水泵、发电机、空气压缩机等附件。

曲轴的基本组成包括前端轴、主轴颈、连杆轴颈（曲柄销）、曲柄、平衡重和后端凸缘等，如图2-70所示。

曲轴上磨光的表面为轴颈。将曲轴支承在曲轴箱内旋转的轴颈为主轴颈，主轴颈的轴线都在同一直线上。偏离主轴颈轴线用以安装连杆的轴颈为连杆轴颈（或称曲柄销），连杆轴颈之间有一定夹角。连杆轴颈与主轴颈之间还加工有润滑油道。

将连杆轴颈和主轴颈连接到一起的部分称为曲柄，连杆轴颈和曲柄共同将连杆传来的力

项目二 曲柄连杆机构检修

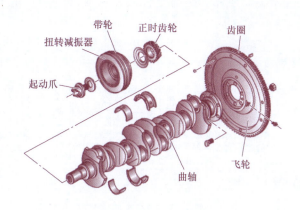

图 2-69 ANQ 发动机曲轴飞轮组基本组成

转变成曲轴的旋转力矩。轴颈与曲柄之间有过渡圆角，以增加强度。一个连杆轴颈和它两端的曲柄及相邻两个主轴颈构成一个曲拐。曲拐的数目取决于发动机的气缸数目及其排列方式，直列发动机的曲拐数目等于气缸数目，而V形发动机的曲拐数目为气缸数目的一半。

主轴颈是曲轴的支承部分，通过主轴承支承在曲轴箱的主轴承座中。主轴承的数目不仅与发动机气缸数目有关，还取决于曲轴的支承形式。曲轴的支承形式一般有两种（图2-71），一种是全支承曲轴，另一种是非全支承曲轴。

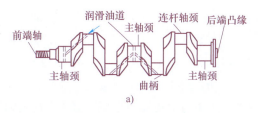

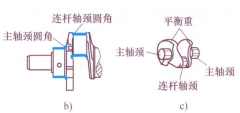

图 2-70 曲轴的基本组成

a) 曲轴 b) 轴颈两端的过渡圆角 c) 平衡重

（1）全支承曲轴 曲轴的主轴颈数目比气缸数目多一个，即每一个连杆轴颈两边都有一个主轴颈。如六缸发动机全支承曲轴有7个主轴颈，四缸发动机全支承曲轴有5个主轴颈。这种支承的曲轴强度和刚度都比较好，并且减轻了主轴承载荷，减小了磨损。柴油机和大部分汽油机多采用这种形式。

（2）非全支承曲轴 曲轴的主轴颈数目比气缸数目少或与气缸数目相等。虽然这种支承的主轴承载荷较大，但缩短了曲轴的总长度，使发动机的总体长度减小。承受载荷较小的汽油机可以采用这种曲轴支承形式。

曲轴前端轴用以安装水泵带轮、曲轴正时带轮（或正时齿轮、正时链轮）、起动爪等。后端凸缘用以安装飞轮。

在少数发动机上采用组合式曲轴，即将曲轴的各部分分段加工，然后组装成整个曲轴，如图 2-72 所示。采

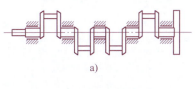

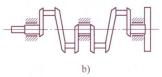

图 2-71 曲轴的支承形式

a) 全支承曲轴 b) 非全支承曲轴

55

用组合式曲轴的发动机，一般连杆大头为整体式，主轴承为滚动轴承，相应曲轴箱为隧道式。

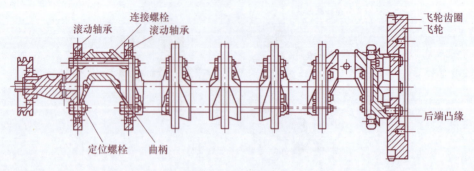

图 2-72　组合式曲轴

发动机工作时会产生往复惯性力和离心力。为了平衡连杆大头、连杆轴颈和曲柄等产生的离心力及其力矩以及运动质量（活塞组零件质量和连杆小头集中质量）所产生的往复惯性力，使发动机运转平稳，需对曲轴进行平衡。对四缸、六缸等直列发动机，由于曲柄对称布置，往复惯性力和离心力及其产生的力矩，从整体上看都能相互平衡，但曲轴的局部却受到弯曲作用，如图 2-73 所示。图中惯性力 F_1、F_4 与 F_2、F_3 相平衡，力矩 M_{1-2} 与 M_{3-4} 相平衡，但 M_{1-2} 与 M_{3-4} 给曲轴造成了弯曲载荷。因此，通常在曲柄的相反方向设置平衡重，使其产生的力矩与上述惯性力相平衡。不同发动机的曲轴其设置的平衡重数量不同，有 4 块、6 块、8 块等，有的与曲轴制成一体，有的单独制成后用螺栓固定在曲轴上。有些刚度较大的全支承曲轴可不设平衡重。曲轴无论有无平衡重，都需进行动平衡实验，对不平衡的曲轴，在其偏重的一侧钻有不同数量的盲孔，以减小质量。

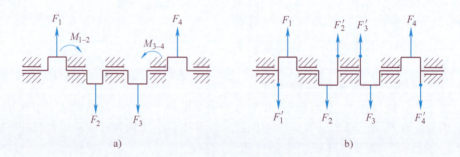

图 2-73　曲轴平衡重作用示意图
a）无平衡重情况　b）有平衡重情况

2. 连杆轴颈的布置

直列四缸发动机的连杆轴颈夹角为 180°，连杆轴颈的布置如图 2-74 所示。做功间隔角为 180°，做功顺序一般为 1→3→4→2 和 1→2→4→3 两种，做功循环表见表 2-2。

3. 曲轴的轴向定位及密封

在汽车使用中，自动变速器的液力变矩器或离合器对曲轴产生轴向推力，或汽车上、下坡时，均可能使曲轴发生轴向窜动，而曲轴的轴向窜动会影响曲柄连杆机构各零件之间的相互配合位置，所以必须采用定位装置加以限制。

项目二 曲柄连杆机构检修

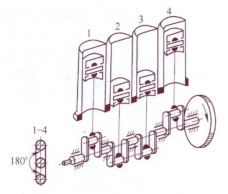

图 2-74 直列四缸发动机连杆轴颈的布置

表 2-2 直列四缸发动机做功循环表

（做功顺序：1→3→4→2）

曲轴转角/(°)	1缸	2缸	3缸	4缸
0~180	做功	排气	压缩	进气
180~360	排气	进气	做功	压缩
360~540	进气	压缩	排气	做功
540~720	压缩	做功	进气	排气

曲轴的轴向定位装置为安装在某一主轴颈（通常可布置在第一道、最后一道或中间主轴颈处）两侧的两个止动垫片，如图 2-75 所示。

安装在曲轴前端第一道主轴颈两侧的止动垫片一般为整体式，安装在中间某一道主轴颈两侧的止动垫片一般为分开式。安装时，应将止动垫片有减磨合金层的一面朝向旋转面。有些发动机上，分开式止动垫片与主轴承制成一体，称为翻边轴承，如图 2-76 所示。

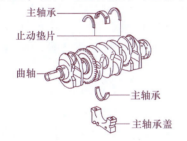

图 2-75 安装在曲轴中间轴颈的止动垫片

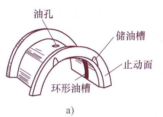

图 2-76 曲轴轴向定位装置
a) 翻边轴承 b) 分开式止动垫片

曲轴前、后端都伸出曲轴箱，为防止润滑油流出曲轴箱，在曲轴前、后端均设有密封装置。为保证密封可靠，一般都采用两种密封装置，如图 2-77 所示，挡油盘和油封是曲轴前端常用的密封装置。

曲轴后端有安装飞轮用的凸缘，为防止润滑油渗出，常用甩油盘、油封及回油螺纹等密封装置，如图 2-78 所示。

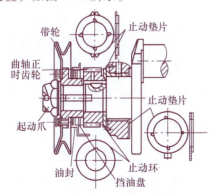

图 2-77 曲轴前端的密封装置

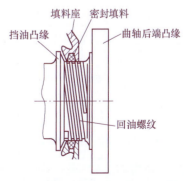

图 2-78 带有挡油凸缘和回油螺纹的密封装置

在轿车上常采用自紧式橡胶油封，常用材料有：丁腈橡胶、氟橡胶、硅橡胶、丙烯酸酯橡胶、聚氨酯、聚四氟乙烯等。选择油封的材料时，必须考虑材料对工作介质的相容性、对工作温度范围的适应性和唇缘对旋转轴高速旋转时的跟随能力。通常这种油封外径处带有密封唇的密封环以压配合方式安装在壳体内，由此通过螺旋形弹簧将密封唇紧压在轴表面上。曲轴或凸轮轴运动时密封唇上产生一个1μm的密封间隙，润滑油渗入此间隙并润滑密封唇，密封唇带有与方向有关的螺旋形回流槽，从而防止润滑油溢出。在带有弹簧的径向轴密封环中，弹簧将密封唇紧压在轴表面上，如图2-79所示。

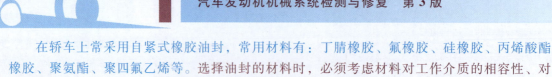

图2-79 装有自紧式橡胶油封的密封装置

4. 扭转减振器

在发动机工作时，经连杆传给曲轴的作用力呈周期性变化，所以使曲轴旋转的瞬时角速度也呈周期性变化。安装在曲轴后端的飞轮，由于转动惯量较大，其瞬时角速度比较均匀。这样就造成曲轴相对于飞轮转动时快时慢，使曲轴产生扭转振动。为消减曲轴的扭转振动，在发动机曲轴前端多装有扭转减振器。

扭转减振器有橡胶式、摩擦式、硅油式等多种形式，常用的是橡胶式扭转减振器。

橡胶式扭转减振器如图2-80所示。惯性盘通过硫化橡胶层与减振器圆盘粘接在一起，当曲轴发生扭转振动时，通过带轮毂带动减振器圆盘一起振动，而惯性盘的转动惯量较大，瞬时角速度较均匀，所以橡胶层发生扭转变形，从而消耗曲轴扭转振动的能量，消减扭振。

橡胶式扭转减振器结构简单、工作可靠、制造容易，在汽车上得到了广泛应用；但其阻尼作用小，橡胶容易老化，故在大功率发动机上应用较少。

目前，轿车发动机使用的扭转减振器一般都不单独设置惯性盘，而是利用曲轴带轮兼作惯性盘，带轮和减振器制成一体（称为减扭振带轮）。无惯性盘扭转减振器如图2-81所示，带轮通过内层的橡胶与固定盘粘接在一起，曲轴产生扭转振动时，固定盘随曲轴一起振动，因带轮转动惯量较大，夹在带轮与固定盘之间的橡胶层发生变形，从而消耗曲轴扭转振动的能量，减轻了曲轴的扭转振动。

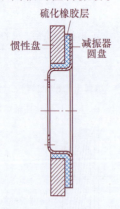

图2-80 橡胶式扭转减振器

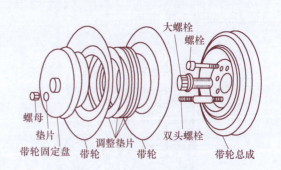

图2-81 无惯性盘扭转减振器

二、曲轴的维修

曲轴的常见故障是轴颈磨损、弯曲和扭曲变形，严重时出现裂纹，甚至断裂。

项目二 曲柄连杆机构检修

1. 曲轴裂纹的检查与修理

曲轴裂纹一般发生在轴颈两端过渡圆角处或油孔处，裂纹较严重时，可通过观察或用锤子轻轻敲击平衡重，从发出的声音来判断。检查裂纹的最好方法是在专用的磁力探伤仪上进行磁力探伤。

曲轴裂纹可进行焊修，但一般是更换新件。

2. 曲轴弯曲的检查与修理

曲轴弯曲的检查如图 2-82 所示，将曲轴放在检测平台上的 V 形架上，使百分表测头抵在中间主轴颈上，转动曲轴一圈，百分表指针的摆差（径向圆跳动误差）应不超过 0.06mm。

曲轴弯曲变形较轻（径向圆跳动误差小于 0.10mm）时，一般可采用磨削曲轴的方法来消除。弯曲严重的曲轴必须更换。曲轴弯曲检查可将百分表置于气缸体下平面上进行，如图 2-83 所示。

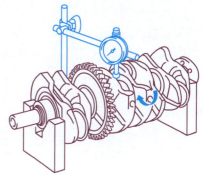

图 2-82　曲轴弯曲的检查
（使百分表测头抵在中间主轴颈上）

3. 曲轴磨损的检查与修理

曲轴轴颈的磨损情况可用外径千分尺测量其直径来检查，测量部位如图 2-84 所示。当轿车发动机曲轴轴颈的圆度和圆柱度超过 0.01mm 时，应进行磨削修理；轴颈直径达到其使用极限时，应更换曲轴。

当曲轴主轴颈磨损严重失圆时，发动机熄火后曲轴一般停在同一位置上，发动机起动时则飞轮上总有局部的几个齿与起动机齿轮啮合，所以可根据飞轮齿圈磨损情况来判断。连杆弯曲变形可导致连杆轴颈锥形磨损，所以连杆轴颈圆柱度过大时，应检查曲轴是否有弯曲变形。

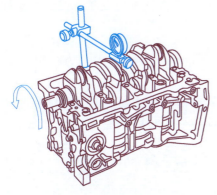

图 2-83　曲轴弯曲的检查
（将百分表置于气缸体下平面）

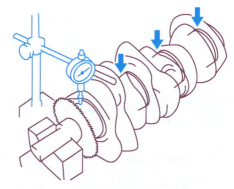

图 2-84　曲轴轴颈磨损的测量部位

4. 曲轴轴向间隙的检查与调整

检查曲轴轴向间隙时，可将百分表测头抵在飞轮或曲轴的不同端面上，用撬棒前后撬动曲轴，百分表指针的最大摆差即为曲轴轴向间隙。也可用塞尺插入止动垫片与曲轴的止动面之间，测量曲轴的轴向间隙。

曲轴轴向间隙一般为 0.07~0.17mm，允许极限一般为 0.25mm。间隙过大或过小，可通过更换止动垫片来调整，如图2-85所示。

三、曲轴轴承的构造

曲轴轴承包括连杆轴承（俗称小瓦）和曲轴主轴承（俗称大瓦），其结构基本相同。曲轴轴承的功用主要是减小摩擦和减轻曲轴等零件的磨损。

连杆轴承和曲轴主轴承一般都是分开式滑动轴承，其组成如图2-86所示，主要由钢背和减摩层组成，钢背是轴承的基体，在钢背的内圆表面制有耐磨的减摩层。为了对轴承进行可靠润滑，在轴承内表面制有油槽储油，在主轴承上还制有通油孔，以便润滑油进入曲轴内的油道。

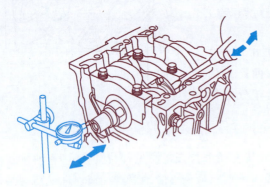

图2-85 曲轴轴向间隙的检查

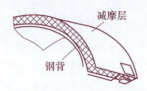

图2-86 曲轴轴承的组成

为防止发动机工作时轴承发生轴向窜动，在轴承的钢背上制有定位凸键或定位销孔，以便安装后定位，如图2-87所示。在发动机工作中，为防止曲轴轴承转动，曲轴轴承有自由弹势和一定的压紧量。自由弹势是指轴承在自由状态下的曲率半径比座孔大，压紧量是指轴承装入座孔后略高出座孔分界面，如图2-88所示。这样可在装配后使轴承紧压在座孔内，既能防止轴承转动，又利于轴承散热。

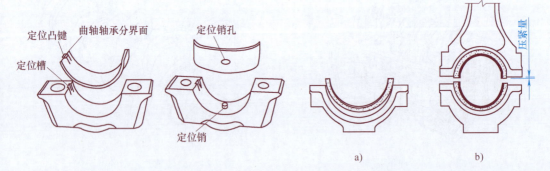

图2-87 曲轴轴承的定位　　　　图2-88 曲轴轴承的自由弹势和压紧量
　　　　　　　　　　　　　　　　　　a）自由弹势　b）压紧量

曲轴轴承一般都经过选配，且发动机工作中旧的轴承也进行了自然磨合，所以在发动机维修时，应注意轴承及其轴承盖的安装位置不能装错。

四、曲轴轴承的选配

曲轴轴承间隙超过允许极限、修磨或更换曲轴后，均需更换曲轴轴承。为保证曲轴轴承

项目二 曲柄连杆机构检修

与曲轴轴颈和轴承座孔的良好配合,更换曲轴轴承时,必须进行选配。各车型的曲轴轴承选配有具体要求,选配前应注意曲轴轴承、曲轴轴承盖、曲柄和气缸体上有无数字或颜色等标记,并了解这些标记的含义,或查阅维修手册,然后进行曲轴轴承选配。

1. 有镗削余量的曲轴轴承选配

更换留有镗削余量的曲轴轴承时,可将曲轴轴承按规定位置装入轴承座孔,并按规定力矩拧紧曲轴轴承盖,然后根据曲轴的修理尺寸在专用镗削机上镗削曲轴轴承,也可采用手工刮削。

2. 成组选配

有些曲轴轴承是按曲轴轴颈的标准尺寸或修理尺寸成组选配的。在成组选配的曲轴主轴承或连杆轴承中,可任选一上片轴承与一下片轴承配对使用。

3. 按标记选配

有些发动机的曲轴轴承、轴承座孔和曲轴轴颈均按其尺寸公差分组做了标记,有选配标记的曲轴轴承,选配时必须与气缸体和曲轴上的标记对应。举例如下:

1)北京切诺基汽车发动机的曲轴轴承必须根据所测轴颈尺寸或色标选配,配对的上、下片轴承尺寸或色标可以相同,也可以不同,但尺寸差不能大于一个轴承级别尺寸。其连杆轴承的选配见表2-3。

表2-3 北京切诺基汽车连杆轴承的选配

连杆轴颈		选配连杆轴承的色标	
色标	直径/mm	上轴承	下轴承
黄	标准53.2257~3.2079	黄(标准尺寸)	黄(标准尺寸)
橙	缩小尺寸0.0178	黄(标准尺寸)	蓝(缩小尺寸0.025mm)
黑	缩小尺寸0.0356	蓝(缩小尺寸0.025mm)	蓝(缩小尺寸0.025mm)
红	缩小尺寸0.254	红(缩小尺寸0.254mm)	红(缩小尺寸0.254mm)

2)广州本田轿车发动机的曲轴轴承和连杆轴承的选配分别按表2-4和表2-5进行。曲轴轴承色码标在曲轴轴承边缘,曲轴轴颈标记压印在相邻的曲柄上,轴承座孔标记压印在气缸体上或连杆一侧,如图2-89所示。

表2-4 广州本田轿车发动机曲轴主轴承的选配

识别标记			主轴承座孔由左至右逐渐增大			
			1或A或Ⅰ	2或B或Ⅱ	3或C或Ⅲ	4或D或Ⅳ
			主轴承内径由左至右逐渐缩小			
主轴颈直径由上至下逐渐缩小	1或Ⅰ	主轴承内径由上至下逐渐缩小	粉	粉/黄	黄	黄/绿
	2或Ⅱ		粉/黄	黄	黄/绿	绿
	3或Ⅲ		黄	黄/绿	绿	绿/棕
	4或Ⅳ		黄/绿	绿	绿/棕	棕
	5或Ⅴ		绿	绿/棕	棕	棕/黑
	6或Ⅵ		绿/棕	棕	棕/黑	黑

表 2-5　广州本田轿车发动机连杆轴承的选配

识别标记			连杆大头孔由左至右逐渐增大			
			1 或 Ⅰ	2 或 Ⅱ	3 或 Ⅲ	4 或 Ⅳ
			连杆轴承内径由左至右逐渐缩小			
连杆轴颈直径由上至下逐渐缩小	A 或 Ⅰ	连杆轴承内径由上至下逐渐缩小	红	粉	黄	绿
	B 或 Ⅱ		粉	黄	绿	棕
	C 或 Ⅲ		黄	绿	棕	黑
	D 或 Ⅳ		绿	棕	黑	蓝

3）日本丰田 22R 型发动机的曲轴主轴承尺寸分 4 组，以轴承背面压印的数码 1、2、3、4 表示。在气缸体下平面上压印出一组 5 位数码，依次代表从第 1 至第 5 道主轴颈应选配的轴承号，如图 2-90 所示。这种曲轴轴承必须对号入座。

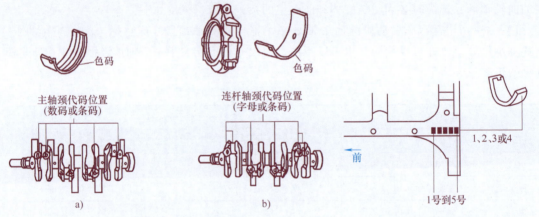

图 2-89　广州本田轿车发动机曲轴轴承的选配
a）主轴承的选配标记　b）连杆轴承的选配标记

图 2-90　日本丰田 22R 型发动机曲轴主轴承的选配

4）日本丰田雷克萨斯 LS400 轿车 1UZ-FE 发动机的曲轴轴承选配如图 2-91 所示。选配曲轴主轴承时，将压印在气缸体和曲轴上的数码相加，然后按表 2-6 选配相应尺寸标记的主轴承，主轴承尺寸标记有 5 种，分别用 1、2、3、4、5 表示；选配连杆轴承时，将压印在连

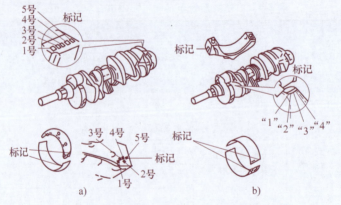

图 2-91　日本丰田雷克萨斯 LS400 轿车 1UZ-FE 发动机曲轴轴承的选配
a）主轴承选配标记　b）连杆轴承选配

杆盖和曲轴上的数码相加，然后按表2-6选配相应尺寸标记的连杆轴承，连杆轴承尺寸标记有6种，分别用2、3、4、5、6、7表示。

表2-6 日本丰田雷克萨斯LS400轿车1UZ-FE发动机曲轴轴承的选配

项目		数码及标记					
主轴承	气缸体数码+曲轴数码	0~5	6~11	12~17	18~23	24~28	—
	相应主轴承尺寸标记	1	2	3	4	5	—
连杆轴承	连杆盖上数码	1　1	2　1	2　3	2　3	4　3	4　4
	曲轴上数码	1　2	1　3	2　1	3　2	1　3	2　3
	相应连杆轴承尺寸标记	2	3	4	5	6	7

五、平衡轴系统简介

部分轿车发动机装有平衡轴系统，其功用是平衡曲柄连杆机构所产生的惯性力，以减轻发动机的振动。平衡轴系统可分为单平衡轴系统和双平衡轴系统两种。

单平衡轴系统如图2-92所示。平衡轴安装在气缸体上，前端由球轴承支承，后端由滚针轴承支承。平衡轴由凸轮齿轮驱动，而凸轮轴由曲轴通过正时链驱动。平衡轴的转速与曲轴相同，而旋转方向与曲轴相反。

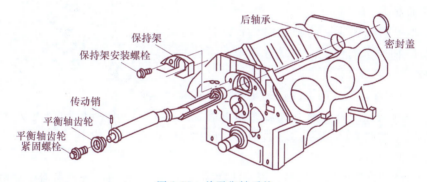

图2-92 单平衡轴系统

双平衡轴系统如图2-93所示。两根平衡轴分别有3道支承轴颈，均采用滑动轴承支承，两根平衡轴通过一根传动带由曲轴驱动。

平衡轴质量分布并不均匀，在发动机工作中，平衡轴产生的惯性力正好与曲柄连杆机构引起发动机振动的惯性力大小相等、方向相反。

安装平衡轴系统时，应注意对正平衡轴驱动装置上的正时标记，否则，平衡轴不仅起不到平衡作用，反而会加剧发动机的振动。单平衡轴系统正时标记如图2-94所示。安装时，平衡轴齿轮与凸轮齿轮、曲轴正时链轮与凸轮轴正时链轮上的标记均需对正。

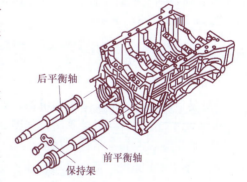

图2-93 双平衡轴系统

平衡轴系统的主要故障是轴颈和轴承磨损、平衡轴变形。

轴颈磨损可通过测量其直径检查，若轴颈直径超过其使用极限，应更换平衡轴。平衡轴支承轴承若有损坏或磨损严重，应更换轴承。平衡轴弯曲变形与曲轴弯曲变形的检查方法基本相同，当变形量超过使用极限时，应更换平衡轴。

采用滑动轴承支承的平衡轴，若轴承间隙超过使用极限，应更换平衡轴或轴承，必要时两者一起更换。

六、曲轴轴承的检查

1. 曲轴轴承间隙的检查

曲轴轴承间隙失准，容易产生异响，甚至导致曲轴轴承和曲轴轴颈烧蚀。曲轴轴承间隙可通过测量曲轴轴颈直径和曲轴轴承孔径来检查，也可用塑料间隙规进行测量。用塑料间隙规检查曲轴轴承间隙的方法如下：

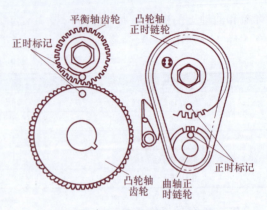

图 2-94　单平衡轴系统正时标记

1) 将曲轴轴承和曲轴轴颈清理干净，把曲轴安放到曲轴箱内。

2) 将与曲轴轴颈等长度的塑料间隙规放在曲轴轴颈上避开油孔的部位，在曲轴轴承上涂少量润滑油，装上曲轴轴承和轴承盖，按规定力矩拧紧曲轴轴承盖螺栓。

注意：塑料间隙规应沿曲轴轴向放置，且不能放在承受曲轴质量的位置。测量过程中，不能转动曲轴。

3) 拆下曲轴轴承盖，用被压扁的塑料间隙规最宽部位与塑料间隙规标尺对合比较，即可确定轴承最小间隙，如图 2-95 所示。若曲轴轴承间隙过大，应更换曲轴轴承。

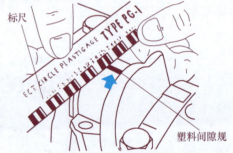

图 2-95　用塑料间隙规测量曲轴轴承间隙

若塑料间隙规被压厚度不均匀，说明曲轴轴颈有锥度。塑料间隙规可溶于润滑油，所以若粘接在曲轴轴颈或曲轴轴承上，可用润滑油进行清理。

2. 曲轴轴承外观检查

检查轴承片有无下列的瑕疵（图 2-96）：

1) 磨碎—疲劳破坏，如图 2-96a 所示。
2) 布点状磨光—不正确的安装定位，如图 2-96b 所示。
3) 砂磨—进入脏的发动机润滑油，如图 2-96c 所示。
4) 刮伤—发动机润滑油脏污，如图 2-96c 所示。
5) 底层外露—润滑不良，如图 2-96d 所示。
6) 两侧边缘磨损—轴颈损坏，如图 2-96e 所示。
7) 单边缘磨损—轴颈有斜差或是轴承未正确定位，如图 2-96f 所示。

七、飞轮的构造与维修

1. 飞轮的功用

飞轮的主要功用是：储存做功行程中的部分能量，以便在其他行程带动曲柄连杆机构工作；保证曲轴运转均匀，克服短时间的超负荷；通过飞轮齿圈与起动机小齿轮啮合，以便起动发动机；通过飞轮将发动机的动力传递给离合器或自动变速器。

项目二 曲柄连杆机构检修

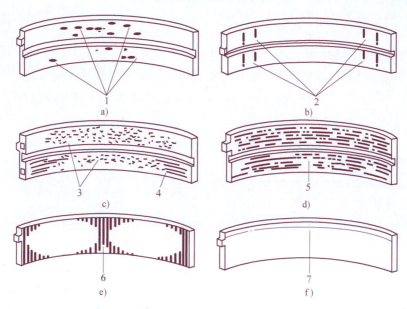

图 2-96 曲轴轴承外观检查

2. 飞轮的构造

飞轮是一个转动惯量较大的金属圆盘，在保证有足够转动惯量的前提下，应尽可能减小飞轮质量。飞轮的外缘一般较厚，压装有起动用的齿圈。飞轮通过螺栓与曲轴后端凸缘连接，为保证飞轮与曲轴的正确安装位置，一般用定位销或不对称螺栓孔来保证。

飞轮上一般刻有点火正时标记，以便校准点火正时。各型发动机的正时标记有不同的形式，发动机飞轮正时标记如图 2-97 所示。当飞轮上的标记与飞轮壳上的标记对正时，即表示 1 缸和 6 缸的活塞处于上止点位置。一汽捷达轿车发动机飞轮正时标记如图 2-98 所示。当点火提前角为 6°时，飞轮上的标记与飞轮壳上的标记距离 a 值为 37mm；当点火提前角为 20°时，a 值为 41mm。

图 2-97 发动机飞轮正时标记　　图 2-98 一汽捷达轿车发动机飞轮正时标记

3. 飞轮的维修

飞轮的主要故障是工作面磨损、齿圈磨损和断齿。

装用手动变速器的汽车上，飞轮与离合器接触的一面会有沟槽磨损，磨损较轻（沟槽深度小于 0.5mm）时允许继续使用，磨损严重（沟槽深度超过 0.5mm）或槽纹较多时，应磨削飞轮工作面，必要时更换飞轮。

注意：飞轮工作面的磨削总量不能超过1mm，更换新的飞轮时应刻上正时标记，新飞轮与曲轴安装后应进行动平衡测试。

飞轮齿圈若有损坏，必须更换。更换飞轮齿圈时，可用铜冲将旧的飞轮齿圈从飞轮上拆下；安装新飞轮齿圈时，先将飞轮齿圈加热（不要超过400℃），再用锤子将飞轮齿圈装到飞轮上。

注意：齿圈有倒角的一面应朝向曲轴。

曲轴飞轮组检测标准流程

任务实施

一、职业能力点

1）目视检查曲轴表面及轴颈有无裂缝、磨损，并测量轴颈磨损度，检查油路是否通畅，确定维修内容。

2）能检查和测量主轴承轴径和轴承盖的间隙，确定维修项目。

3）能拆装主轴承和曲轴，检查轴承间隙和末端间隙，按照维修手册的规范更换和紧固螺栓。

4）能检查、拆卸和更换曲轴轴承、正时链和链轮。

5）能检查、拆装或更换曲轴减振器。

6）能检查、拆装或更换飞轮。

二、准备工作及注意事项

1）检测曲轴主轴承和连杆轴承的间隙时，必须严格按照规定力矩拧紧轴承盖，否则测量值不准确。

2）在测量径向间隙时，不得转动曲轴。

3）有些车型发动机轴承为直接选配，不允许刮配。

4）测量曲轴轴颈尺寸及圆度、圆柱度误差时，应与油孔错开。

三、拆装及检修流程

1. 曲轴弯曲变形的检查

（1）工作步骤

1）将曲轴轴承、曲轴、飞轮依次拆下。

2）将曲轴放在检测平台的V形架上，或将百分表直接置于气缸体下平面上，检查曲轴弯曲度。

曲轴检修

（2）工具

1）检测平台。

2）V形架。

3）百分表。

2. 曲轴磨损的检查

（1）工作步骤

1）在各主轴颈和连杆轴颈的中间相互垂直的位置上测量并计算圆度。

2）在每个主轴颈和连杆轴颈的边缘测量并计算圆柱度，其标准值应为0.01mm，磨损极限值为0.02mm。

项目二　曲柄连杆机构检修

（2）工具

1）检测平台。

2）百分表。

3）V形架。

3. 曲轴径向（油膜）间隙的检查

（1）工作步骤

1）轴承直观检查。检查有无麻点、刮伤。

2）将合适长度的塑料塞尺沿轴向放置在主轴颈上，然后安装主轴承盖，按规定力矩拧紧螺栓。

3）拆下主轴承盖，用塑料塞尺最宽处对照标尺，读出数值。

（2）工具

1）塑料塞尺。

2）常用工具。

3）扭力扳手。

4. 曲轴飞轮轴向间隙的检查

（1）工作步骤

1）将百分表置于气缸体上，使百分表测头抵住曲轴轴端并调零。

2）用撬棍或螺钉旋具轴向撬动曲轴。

3）读出百分表的摆动量。新的轴承轴向间隙为 0.07～0.17mm，磨损极限值为 0.25mm。

（2）工具

1）百分表。

2）撬棍或螺钉旋具。

3）常用工具。

四、工作质量控制

1）检查工作计划中的所有项目，确认所有项目都已认真完成，并在解释的范围内做出全面解释。

2）检查安全、环保方面的工作是否到位。

3）检查是否遵守规定的维修工时。

4）检查车辆、发动机是否干净整洁，护套是否取下，工具是否整理。

5）结合检测结果，指出发动机机械方面的故障。

6）考虑工作计划中的准备工作，检测仪器、工作油液和辅助材料的可使用性是否达到最佳程度，提出合理化建议并在下一次检修时予以考虑。

7）考虑工作任务的完成过程中，是否满足曲轴飞轮组检修的技能点要求，提出合理化建议，做好记录，并在下一次检测分析时予以考虑。

知识拓展

一、塑型螺栓及其紧固方法

有些发动机的气缸盖螺栓、主轴承盖螺栓、连杆轴承盖螺栓等都采用塑型螺栓。螺栓头部通常为齿式变形（内侧和外侧），如图2-99所示。

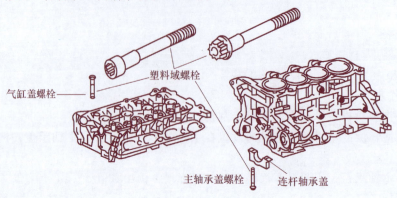

图2-99 塑型螺栓

1. 弹性变形与塑性变形

当物体受到外力作用时会发生变形，外力消失后物体能够恢复原状，这种特性称为弹性变形。如果所受外力超过一特定临界值，该物体将不能复原，此临界值称为弹性极限。受力超过弹性极限会导致塑性变形。

普通螺栓被拧紧后通过弹性区域，在该区域内螺栓轴向拉力的大小与螺栓的转角成正比。当螺栓力矩超过弹性变形区，进入到塑性变形区时，螺栓转动角度的增加并不影响其轴向拉力的大小，即轴向拉力基本保持不变，如图2-100所示，这样就增加了螺栓轴向拉力的稳定性，使紧固件受力更加均匀。

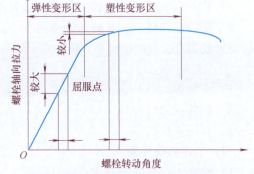

2. 塑型螺栓的紧固方法

拧紧塑型螺栓的方法不同于拧紧普通螺栓，具体操作方法如下：

图2-100 螺栓转动角度与螺栓轴向拉力之间的关系

1）在螺钉上和螺栓头部的下面涂抹薄薄一层润滑油。
2）安装并用力均匀地拧紧螺栓。
3）给每只螺栓做油漆标记。
4）紧固螺栓到规定的角度。
5）检查油漆标记的位置。

位置不同，规定的角度也不同。常见规定的角度如图2-101所示。

3. 塑型螺栓的检查

由于塑型螺栓每次拧紧时其形状被轴向力改变，会产生一定的塑性变形，因此在重复使用拆下的螺栓时，应先进行检查，以判断是否可以重复使用。塑型螺栓的检查方法如下：

1）测量螺栓张紧力位置的直径，如图2-102。使用游标卡尺测量螺栓承受张紧力位置的直径，并与维修手册中的极限值进行对比。如果螺栓直径小于极限值，必须更换螺栓。

2）测量螺栓的长度。使用游标卡尺测量螺栓的长度，如果测量值超过维修手册中规定

项目二 曲柄连杆机构检修

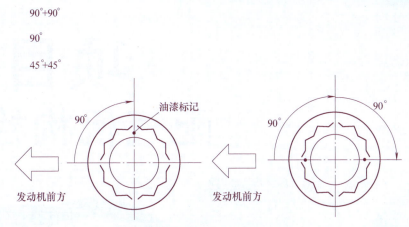

图 2-101 塑型螺栓的紧固方法

的最大长度极限值，必须更换螺栓，如图 2-102c 所示。

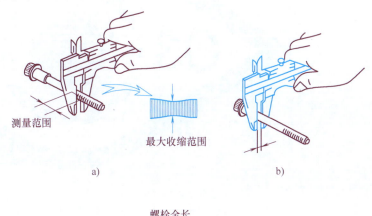

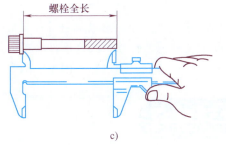

c)

图 2-102 塑型螺栓的测量

a）测量螺栓螺纹位置直径　b）测量螺栓颈位置直径　c）测量螺栓的长度

二、积炭形成原因及清除

积炭是燃料、润滑油在高温作用下的氧化产物。在燃烧室中由于燃烧不完全，未燃烧的燃料和窜入燃烧室的润滑油以及燃烧的残留物混合在一起，在氧和高温作用下形成一种稠的胶状液体（羟基酸）。羟基酸进一步氧化就变成一种半流体树脂状的胶质，黏附在发动机零件上。高温的作用使胶质聚合成更复杂的聚合物，形成一种硬质胶结炭，俗称积炭。积炭的成分包含有易挥发的物质（油、羟基酸）和不易挥发的物质（沥青质、油焦质和碳青质及灰粉等）。发动机工作温度越高，易挥发物质的含量就越少，不易挥发物质的含量就越多，使积炭变得更硬，与金属粘接得更牢。

项目三
配气机构检修

配气机构是发动机的重要组成部分,完成发动机各气缸的进气和排气。由于配气机构在高温、高压下工作并承受冲击载荷的作用,其零部件磨损、烧蚀、变形或配气正时不正确都会直接影响发动机的技术性能,造成发动机起动困难、动力不足。

 学习目标

知识目标
➣ 了解配气机构的功用及分类。
➣ 掌握气门组组成、零部件结构及工作原理。
➣ 掌握气门传动组组成、零部件结构及工作原理。
➣ 掌握配气相位、可变配气相位的概念。

技能目标
➣ 能够对气门组进行检修。
➣ 能够对气门传动组进行检修。
➣ 能够更换正时带或正时链。

项目三　配气机构检修

➡ 能对检修测量项目做记录并存档。
➡ 能评价检修结果。

素养目标

1）培养学有所得、思有所悟的学习精神。
2）培养科学严谨、吃苦耐劳、精益求精的职业素养。
3）培养创造性思维和创新意识。

工作任务

工作任务一　气门组检修
工作任务二　气门传动组检修

情景导入

一客户打电话说他的桑塔纳轿车起动后发动机有异响，且越加速响声越大。维修技师对其发动机进行了检查，确定响声来自发动机内部，初步断定曲柄连杆机构或配气机构有故障。

发动机内部异响主要是由曲柄连杆机构或配气机构零部件变形和过度磨损造成的。发动机异响的故障原因分析如图3-1所示。

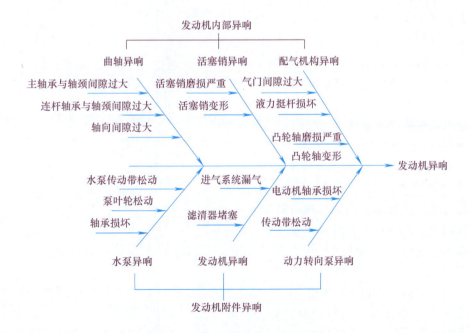

图3-1　发动机异响的故障原因分析

工作任务一　气门组检修

任务分析

气门工作时长期受高温、有害气体腐蚀及冲击载荷的作用，工作环境恶劣。气门组出现故障会影响气缸的密封性，导致发动机功率下降，严重时会使发动机报废。气门组检修项目主要包括气门组各零件的检测、气门的研磨以及气门密封性的检查。通过本任务的学习，学生应能具备汽车动力驱动系统综合分析技术（汽车动力系统检测维修）任务中气门组检修的职业技能，养成规范、安全、科学、严谨、精益求精的职业素养。

任务实施的相关专业知识

一、配气机构的基本组成

发动机配气机构的基本组成可分为两部分：气门组和气门传动组。气门组的组成与配气机构的形式基本无关，而且大致相同，主要零件包括气门、气门座、气门弹簧、气门导管等。

气门传动组包括驱动气门动作的所有零件，其组成视配气机构的形式不同而异，主要零件包括正时齿轮（或正时链轮和链条、或正时带轮和正时带）、凸轮轴、挺杆（凸轮轴下置式）、推杆、摇臂轴和摇臂等，如图 3-2 所示。

二、气门的构造与维修

气门组组成主要有气门、气门弹簧座、气门导管和气门弹簧等，如图 3-3 所示。

1. 气门的构造

气门分进气门和排气门，其构造基本相同。气门由头部与杆部两部分组成，如图 3-4 所示。气门头部的作用是与气门座配合，对气缸进行密封；杆部则与气门导管配合，为气门的运动起导向作用。

由于气门是在高温、高压、润滑差、受燃气中腐蚀介质的腐蚀等很差的条件下工作的，所以要求气门材料必须有足够的刚度、强度、耐高温和耐腐蚀能力。通常进气门采用中碳合金钢（如镍钢、镍铬钢和铬钼钢等）制

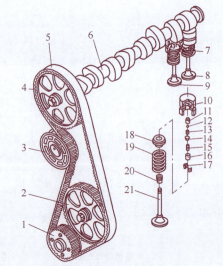

图 3-2　AFE 发动机的配气机构

1—曲轴正时带轮　2—中间轴正时带轮　3—张紧轮
4—凸轮轴正时带轮　5—正时带　6—凸轮轴
7—液压挺杆组件　8—排气门　9—进气门　10—挺柱体
11—柱塞　12—单向阀钢球　13—小弹簧　14—托架
15—回位弹簧　16—液压缸　17—气门锁片　18—上弹簧座　19—气门弹簧　20—气门油封　21—气门

项目三 配气机构检修

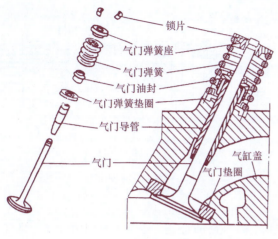

图 3-3 气门组组成

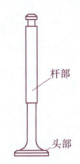

图 3-4 气门的组成

造,排气门则采用耐热合金钢(如硅铬钢、硅铬铂钢等)制造。另外,为了改善气门的导热性能,可在气门内部充注金属钠,如图 3-5 所示。钠在 970℃ 时为液态,液态钠可将气门头部的热量传给气门杆,冷却效果十分明显。捷达王轿车 EAl 13 型发动机及奥迪 A6 轿车的发动机排气门即采用充钠排气门。

气门头部形状有平顶、喇叭顶和球面顶 3 种,如图 3-6 所示。平顶结构的气门具有结构简单、制造方便、受热面积小等优点,多数发动机的进气门和排气门均采用此形状的气门。喇叭顶气门的进气阻力小、质量小,适合作为进气门。球面顶气门的排气阻力小、耐高温能力强,适合作为排气门。

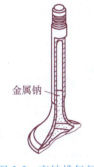

图 3-5 充钠排气门

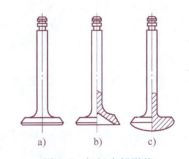

图 3-6 气门头部形状
a) 平顶 b) 喇叭顶 c) 球面顶

气门头部与气门座接触的工作面称为气门密封锥面。该密封锥面与气门顶平面的夹角称为气门锥角,如图 3-7 所示。气门锥角一般为 45°,有些发动机的进气门锥角为 30°。

进气门与排气门的头部直径一般不等,进气门头部直径较大。

气门杆部为圆柱形,在靠近尾部处加工有环形槽或锁销孔,以便用锁片或锁销固定气门弹簧座,固定方式如图 3-8 所示。锁片式固定方式的气门杆上有环形槽,外圆为锥形、内孔有环形凸台的锁片分成两半,气门组装配到气缸盖上后,锁片内孔环形凸台卡在气门杆上的环槽内,在气门弹簧作用下,锁片外圆锥面与气门弹簧座锥形内孔配合,使气门弹簧座固定。锁销式固定方式是将锁销插入气门杆上的孔内,由于锁销长度大于气门弹簧座孔径,所以可使气门弹簧座固定。

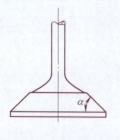

图 3-7 气门锥角

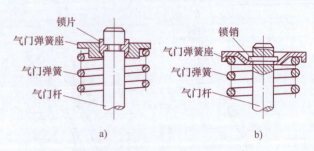

图 3-8 气门弹簧座的固定方式
a) 锁片式 b) 锁销式

2. 多气门发动机

为了改善换气过程,要尽可能地增大进、排气门的直径。通常进气门的直径比排气门大 15%~30%,目的是增大进气气流通过断面面积,减小进气阻力,增加进气量。排气门头部直径略小,排气阻力稍大,但是排气阻力对发动机性能的影响比进气阻力小得多。因此,凡是进气门和排气门数量相同时,进气门头部直径总比排气门大。

多气门发动机是指每一个气缸的气门数目超过 2 个的发动机,包括 2 个进气门和 1 个排气门的 3 气门式;2 个进气门和 2 个排气门的 4 气门式;3 个进气门和 2 个排气门的 5 气门式,如图 3-9 所示。采用多气门技术的优点是在有限的气缸直径内,气流通过断面面积大,进、排气充分,可以提高发动机的转矩和功率;其次,每个气门的头部直径较小,质量减小,运动惯性力也减小,有利于提高发动机转速。

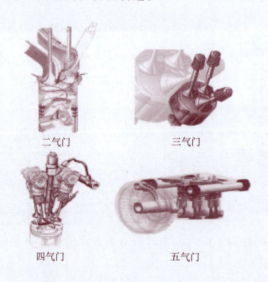

图 3-9 多气门发动机

目前,轿车上的发动机多采用 4 气门式的。气门布置在气缸燃烧室中心两侧倾斜的位置上,通常采用两个顶置式凸轮轴分别控制进、排气门。采用 4 气门结构有利于提高充气效率,改善配气机构的动力特性,还有利于改善排放;缺点是增加了气门数目需要增加相应的配气机构装置,构造比较复杂,制造成本增加。

项目三 配气机构检修

3. 气门的拆装

拆装气门时,必须先使用专用气门拆装钳压缩气门弹簧,如图3-10所示,然后拆下或装上气门锁片或锁销,并慢慢放松气门弹簧。

拆下的气门必须做好标记并按顺序摆放,以免破坏气门与气门座及气门导管的配合。气门锁片或锁销很小,应注意不要丢失。

4. 气门杆弯曲的检查与修理

气门杆弯曲变形可按图3-11所示进行检查。若弯曲变形超过允许极限,应校正或更换气门。气门杆弯曲校正应在压力机上进行冷压校正,方法是使弯曲拱面向上,用压力机使其产生反变形,校正量一般为实际弯曲变形量的10倍,保持2min。气门杆的弯曲变形量用直线度误差表示,一般应不大于0.03mm。

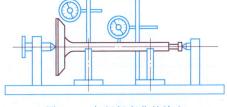

图3-10 气门的拆装

5. 气门磨损和烧蚀的检查与修理

气门磨损情况可通过测量图3-12所示的各尺寸进行检查,若测得尺寸不符合规定,应更换气门。

气门密封锥面若有轻微斑痕、沟槽或烧蚀,可在专用气门光磨机上进行光磨修理。光磨的气门可与气门座之间有0.5°~1°的气门密封干涉角,如图3-13所示,这样有利于气门与气门座磨合。修理后的气门尺寸应符合规定,修理气门后应铰修气门座,并进行气门研磨。若气门密封锥面斑痕、沟槽或烧蚀严重,应更换气门。

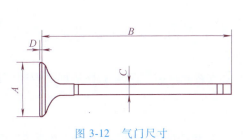

图3-12 气门尺寸

A—气门头部直径 B—气门总长度
C—气门杆直径 D—气门头部厚度

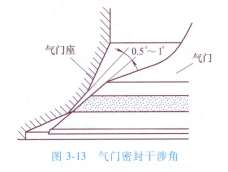

图3-13 气门密封干涉角

三、气门座的构造与维修

1. 气门座的构造

进、排气道口直接与气门密封锥面接触的部位称为气门座,其功用是与气门配合,使气缸密封。

多数发动机的气门座单独制成座圈,然后压装到燃烧室内的进、排气道口处,气门座圈与座孔有足够的过盈配合量,以防止发动机工作时气门座脱落。

为保证气门与气门座可靠密封,气门座上加工有与气门相适应的锥面。气门座的锥面包括三部分，如图3-14所示。45°（或30°）锥面是与气门密封锥面配合的工作面，宽度 b 为1～3mm，15°锥面和75°锥面是用来修正工作面位置和宽度的。

2．气门座的铰修

发动机工作时，气门座承受高温和气门落座时的冲击，经常出现工作锥面烧蚀、变宽或与气门接触环带断线等故障，一般可通过铰削和研磨进行修理。

气门座的铰削通常用气门座铰刀进行手工加工。气门座铰刀是由多只不同直径、不同锥角的铰刀组成的，如图3-15所示。气门座一般应先粗铰后精铰，铰削方法如下：

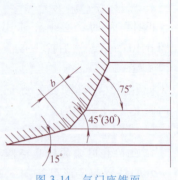

图3-14　气门座锥面

1）修理气门座前，应检查气门导管。若不符合要求，应先更换或修理气门导管，以便保证气门座与气门导管的中心线重合。

2）按气门头部直径和气门座各锥面角度选择一组合适的气门座铰刀。按气门导管内径选择合适的气门座铰刀杆，铰刀杆插入气门导管应转动灵活而不松旷。

3）先用45°（或30°）的粗铰刀加工气门座工作锥面，直到全部露出金属光泽。

注意：铰削时，两手握住手柄垂直向下用力，并只做顺时针方向转动，不允许倒转或只在小范围内转动。

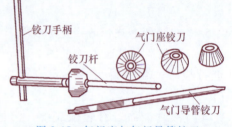

图3-15　气门座与气门导管铰刀

4）用修理好的气门或新气门进行试配，根据气门密封锥面接触环带的位置和宽度进行铰削修正。若接触环带偏向气门杆部，应用75°的铰刀修正；若接触环带偏向气门头部，应用15°的铰刀修正。铰削好的气门座工作面宽度应符合规定，接触环带应处在气门密封锥面中部偏气门顶的位置。

5）用45°的细铰刀精铰气门座工作锥面，并在铰刀下面垫上细砂布进行修磨。

3．气门与气门座的研磨

气门座铰削好后，应在气门与气门座之间涂上少许研磨砂进行研磨，以保证气门与气门座的密封性。

气门与气门座的密封性可用画线法进行检查，即用软铅笔在气门密封锥面上每隔10mm画一条线，将气门装入气门导管，用手将气门与气门座压紧并往复转动1/4圈，然后取下气门进行检查。若所有画线均被切断，说明气门与气门座密封良好，否则应继续研磨。

4．气门座圈的更换

气门座损坏、严重烧蚀、松动或下沉2mm（指测量的气门头部下沉量）以上时，应更换气门座圈。若气门座是在气缸盖上直接加工的，则必须更换气缸盖。

更换气门座圈时，对铝合金气缸盖不可用撬动的方法直接拆卸旧气门座圈，而应先用镗削加工方法将旧气门座圈镗削至只剩一薄层，就可很容易地拆下旧气门座圈；也可将一个合适的旧气门焊接到旧气门座圈上，然后敲击气门杆拆下旧气门座圈。安装新座圈前，应对座孔加工，使新气门座圈与座孔的过盈配合量为0.08～0.12mm。安装新座圈时，应将气门座圈放在固体二氧化碳（干冰）或液态氮中冷却使其冷缩，然后将气门座圈敲入座孔。

四、气门导管的构造与维修

1. 气门导管的构造

气门导管的功用是给气门的运动导向,并将气门杆所承受的热量传给气缸盖。

如图3-16所示,气门导管为空心管状结构,压装在气缸盖上的导管孔中,外圆柱面与导管孔的配合有一定的过盈量,以保证良好的传热性能和防止松脱。气门导管的下端伸入气道,为减小对气流造成的阻力,伸入气道的部分制成锥形。

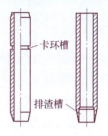

图3-16 气门导管结构示意图

有些发动机为防止气门导管脱落,利用卡环对气门导管进行定位,如图3-17所示。

气门导管内孔与气门杆之间为间隙配合,为防止润滑油从气门杆与气门导管的间隙中漏入燃烧室,在气门导管的上端安装有气门油封。

2. 气门导管磨损的检查与修理

气门导管磨损后会使其与气门杆的配合间隙增大,导致气门工作时摆动,关闭不严。

气门导管的磨损情况可通过测量气门导管与气门杆配合间隙来间接检查。配合间隙的检查有两种方法:一种是直接测量气门导管内径和气门杆直径,并计算其配合间隙;另外一种是按图3-18所示,先把气门安装在气门导管内,再将气门提起10~15mm(相对气缸盖平面),然后用百分表测量气门头部的摆动量。

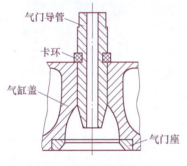

图3-17 对气门导管定位

图3-18 测量气门头部摆动量

若气门导管与气门杆配合间隙超过允许极限,可换用一个新气门重新进行检查,根据测量结果视情况确定更换气门或气门导管,必要时两者一起更换。

3. 更换气门导管

当更换气门导管时,应用冲子和锤子将气门导管按规定方向(一般为气缸盖上方)拆出旧气门导管,如图3-19所示。如果旧气门导管装有限位卡环,拆卸前应先将其露出气门导管孔的部分敲断。对不带轴肩的气门导管,从凸轮轴端压出;对带轴肩的气门导管,从燃烧室端压出。将新的气门导管涂上润滑油后,从凸轮轴端压入冷的气缸盖。安装带轴肩的气门导管,要使压力小于9.8kN,否则轴肩容易断裂。此外,对于铝合金气缸盖,拆卸旧气门导管前应加热气缸盖,以免气缸盖裂损。

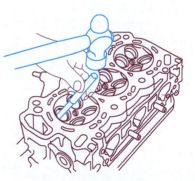

图3-19 气门导管的拆卸

拆下旧气门导管后，应根据新导管外径适当铰削气门导管孔，使其气门导管与气门导管孔有适当的过盈量，一般为 0.015～0.065mm。

安装新气门导管前，应先用 60～80℃ 的热水或喷灯加热气缸盖，然后用冲子和锤子将新气门导管敲入气门导管孔，气门导管伸出进、排气道的高度应符合规定。气门导管安装好后，应铰削气门导管内孔，使气门导管与气门杆配合间隙符合标准。

4. 更换气门油封

润滑油无泄漏而消耗异常，一般是活塞与气缸配合间隙过大或气门油封漏油所致。更换气门油封时，应使用专用工具安装气门油封，如图 3-20 所示。注意：有些发动机进气门油封与排气门油封是不同的，例如，广州本田轿车的进气门油封的弹簧为白色，而排气门油封的弹簧为黑色，安装时不能装错。

五、气门弹簧的构造与检查

1. 气门弹簧的构造

气门弹簧的功用是使气门关闭并与气门座压紧，同时还可在气门开启或关闭过程中，使气门传动组零件紧密连接，防止因惯性力分离而产生异响。

气门弹簧为圆柱螺旋弹簧，弹簧两端磨平，装配后弹簧一端支承在气缸盖上，另一端靠气门弹簧座和锁片或锁销与气门杆定位。气门弹簧的类型如图 3-21 所示。等螺距弹簧是最简单的一种，如图 3-21a 所示。气门弹簧在工作时，如果工作频率与其固有的振动频率相等或成倍数关系时，就会发生共振。气门弹簧的共振将破坏气门的正常工作，使气门反跳、落座冲击，甚至使弹簧折断。为避免上述现象产生，常采取以下措施：

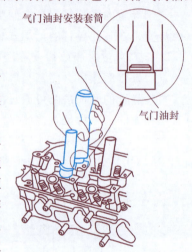

图 3-20 气门油封的安装

1) 提高气门弹簧的刚度，如加粗钢丝直径、减小弹簧的圈径。这种方法可以提高气门弹簧固有振动频率，但气门弹簧刚度太大会使弹簧太硬，从而加大气门锥面的磨损，并增加配气机构的运转阻力和发动机的功率消耗。

2) 采用不等螺距弹簧，如图 3-21b 所示。这种弹簧在压缩变形时，有效圈数逐渐减少，因此没有固定的固有振动频率，不会发生共振。不等螺距弹簧有对称式和不对称式两种。安装不对称式不等螺距的气门弹簧时，应将螺距小的一端朝向气门头部（即固定端），使上端（运动端）的质量较小。

3) 采用双气门弹簧，如图 3-21c 所示。每个气门同心安装两根直径不同的内、外弹簧。由于两弹簧的固有频率不同，当一个弹簧发生共振时，另一个弹簧可起减振作用。此外，当一个弹簧折断时，另一个弹簧仍可维持气门工作。采用双气门弹簧可以减小气门弹簧的高度。

2. 气门弹簧的检查

气门弹簧常见故障是由于长期受压缩，产生塑性变形而导致自由长度变短、弹力减弱、簧身歪斜，严重时可能出现弹簧折断。气门弹簧的检查主要是：观察有无裂纹或折断，测量弹簧自由长度和垂直度，测量弹簧弹力。气门弹簧不能维修，必要时只能更换。

项目三 配气机构检修

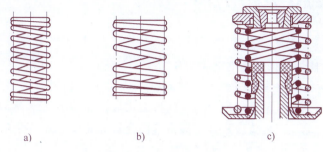

图 3-21 气门弹簧的类型
a) 等螺距弹簧 b) 不等螺距弹簧 c) 双气门弹簧

气门弹簧的自由长度可用游标卡尺进行测量，如图 3-22a 所示。气门弹簧垂直度的检查如图 3-22b 所示。气门弹簧的垂直度一般应不大于 2.0mm。若气门弹簧的自由长度或垂直度不符合标准，应更换气门弹簧。

气门弹簧的弹力应在专用弹簧检验仪上进行检查，如图 3-23 所示。用检验仪对气门弹簧施加压力，在规定压力下的气门弹簧高度（或规定气门弹簧高度下的压力）应符合标准，否则应更换气门弹簧。

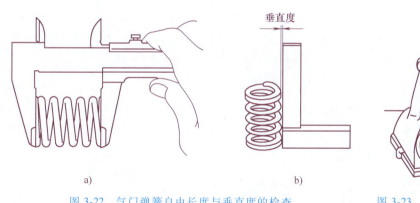

图 3-22 气门弹簧自由长度与垂直度的检查
a) 气门弹簧自由长度测量 b) 气门弹簧垂直度测量

图 3-23 气门弹簧弹力的检查

任务实施

一、职业能力点

1）能检查、拆卸和更换气门。
2）能检查、拆卸、铰削和更换气门座。
3）能检查、拆卸和更换气门导管。
4）能检查、拆卸和更换气门弹簧。

二、准备工作及注意事项

1）当检查气门杆的弯曲变形时，百分表架应牢靠无晃动，将其支撑稳妥。
2）研磨后，必须彻底清洁，不得有残留的金属屑与研磨材料。
3）在拆装过程中，特别要注意装配记号。
4）将拆下的零部件按顺序放好，并注意不要损坏零件。

三、拆装及检修流程

1. 气门组件拆卸

（1）工作步骤

1）拆下气门挺柱，并按正确的顺序摆放。

2）使用气门拆装钳压缩气门弹簧，然后拆下或装上气门锁片或锁销，并慢慢放松气门弹簧，将气门轻轻取出。气门拆装钳如图3-24所示。注意不要用螺钉旋具直接压缩气门弹簧或用锤子敲击气门弹簧等简单的方法拆卸气门，这样容易造成零部件损坏。

3）用尖嘴钳取出油封。注意：拆下的油封不能重复使用。

4）用空气压缩机和磁性棒吹气卸下弹簧座，并按顺序摆放气门、气门弹簧、弹簧座和弹簧座圈。

（2）工具

1）常用工具箱。

2）空气压缩机。

3）气门拆装钳。

4）磁性棒。

2. 气门检查

（1）工作步骤

1）检查气门外观。检查有无积炭、烧蚀、破损、裂纹等，若有积炭，应将其清除，如图3-25所示。

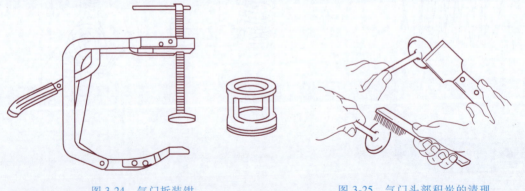

图3-24　气门拆装钳　　　　　　　　图3-25　气门头部积炭的清理

2）检查气门杆弯曲度。使用百分表在检测平台上检查气门杆的弯曲度。

3）检查气门磨损量。使用外径千分尺和游标卡尺检查气门杆直径和气门头部边缘厚度，如图3-26所示。

（2）工具

1）检测平台。

2）游标卡尺。

3）百分表。

4）外径千分尺。

项目三 配气机构检修

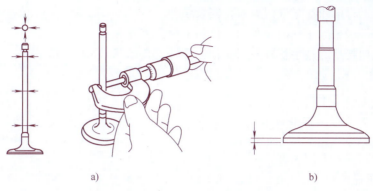

图 3-26 气门磨损检查

a）气门杆直径测量 b）气门头部边缘厚度测量

3. 气门工作面检修

（1）工作步骤

1）检查气门工作面。检查有无斑点、烧蚀现象。

2）研磨气门。

3）安装气门并进行密封性测试。

（2）工具

1）研磨膏。

2）电动研磨机。

4. 气门导管检查

（1）工作步骤

1）检查气门导管内径。使用内径百分表测量气门导管内径，如图 3-27 所示。

2）测量气门头部摆动量。使用百分表测量气门头部摆动量。

（2）工具

1）内径百分表。

2）工具箱。

5. 气门弹簧检查

（1）工作步骤

1）检查气门弹簧自由长度。

2）检查气门弹簧垂直度。

（2）工具

1）游标卡尺。

2）检测平台。

3）90°角尺。

6. 气门组件安装

（1）工作步骤

1）安装气门、气门弹簧和气门导管等气门组件，注意安装标记。

2）使用专用工具安装新油封。注意进气门与排气门油封的区别。

3）安装气门、气门弹簧座、气门弹簧和气门弹簧座圈。

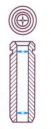 

图 3-27 气门导管内径的测量

81

4) 使用气门拆装钳压缩气门弹簧,安装锁片。

5) 用塑料锤轻轻敲击气门杆顶端,以保证配合完好。

6) 安装气门挺柱,用手检查气门挺柱,应转动自如。

(2) 工具

1) 检测平台。

2) 常用工具箱。

3) 气门拆装钳。

4) 气门油封安装专用工具。

四、工作质量控制

1) 检查工作计划中的所有项目,确认所有项目都已认真完成,并在解释的范围内做出全面解释。

2) 检查安全、环保方面的工作是否到位。

3) 检查是否遵守规定的维修工时。

4) 检查车辆、发动机是否干净整洁,护套是否取下,工具是否整理。

5) 结合检测结果,指出发动机机械方面的故障。

6) 考虑工作计划中的准备工作,检测仪器、工作油液和辅助材料的可使用性是否达到最佳程度,提出合理化建议并在下一次检修时予以考虑。

7) 考虑工作任务的完成过程中,是否满足气门组检修的技能点要求,提出合理化建议,做好记录,并在下一次检测分析时予以考虑。

工作任务二 气门传动组检修

任务分析

气门传动组出现故障时会影响气门的正常开启,导致进气效率下降。气门传动组检查项目主要包括凸轮轴检测、液力挺柱检测及配气正时检查与调整。由于气门驱动形式和凸轮轴位置的不同,气门传动组的零件组成差别很大,维修时要根据厂家维修手册进行拆装与检修。通过本任务的学习,学生应能具备汽车动力驱动系统综合分析技术(汽车动力系统检测维修)任务中气门传动组检修的职业技能,养成踏实认真、一丝不苟的职业精神。

任务实施的相关专业知识

一、配气机构的类型

发动机配气机构形式多种多样,其主要区别在于气门布置形式和数量、凸轮轴布置形式和驱动方式不同。

现代汽车发动机一般采用顶置气门式配气机构,即气门安装在燃烧室的顶部。每个气缸一般安装 2~5 个气门,气门沿发动机纵向排成一列或两列。凸轮轴的驱动方式有齿轮传动、链传动和带传动3种方式。配气机构通常按凸轮轴的安装位置分为下置凸轮轴式、中置凸轮轴式和顶置凸轮轴式3种类型。

1. 下置凸轮轴式配气机构

下置凸轮轴式配气机构如图3-28所示，其特点是凸轮轴安装在气缸体下部的曲轴箱内，位置与曲轴靠近，用一对分别安装在凸轮轴和曲轴前端的正时齿轮驱动，传动装置比较简单，润滑比较方便；但凸轮轴远离气门，需用较长的推杆来传动。

2. 中置凸轮轴式配气机构

中置凸轮轴式配气机构的凸轮轴安装在气缸体上部的气缸一侧，如图3-29所示，其组成与下置凸轮轴式配气机构基本相同。

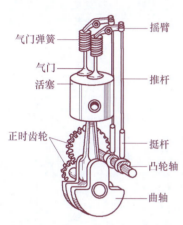
图3-28 下置凸轮轴式配气机构

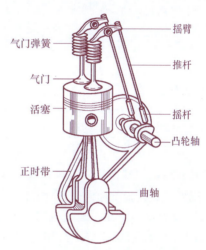
图3-29 中置凸轮轴式配气机构

中置凸轮轴式配气机构推杆长度较短，甚至有些发动机省去了推杆，而由凸轮轴经过挺杆直接驱动摇臂，减小了气门传动机构的往复运动质量。中置凸轮轴式配气机构中，凸轮轴离曲轴较远，一般采用链传动或带传动，有的也采用齿轮传动。

3. 顶置凸轮轴式配气机构

顶置凸轮轴式配气机构的主要特点是凸轮轴安装在气缸盖上部，气门传动组不需推杆，用凸轮轴直接驱动摇臂或气门，不仅减少了配气机构零件，而且往复运动质量大大减小，在轿车发动机上应用广泛。由于凸轮轴远离曲轴，一般都采用链传动或带传动。

顶置凸轮轴式配气机构根据凸轮轴数不同，通常分为单顶置凸轮轴式（SOHC）和双顶置凸轮轴式（DOHC）两种。

（1）单顶置凸轮轴式配气机构 单顶置凸轮轴式配气机构有很多种布置形式，但都是用一根安装在气缸盖上的凸轮轴，通过挺杆直接（无摇臂总成）或间接（有摇臂总成）驱动所有气缸的进气门和排气门。

单顶置凸轮轴、无摇臂总成、一列气门式配气机构如图3-30a所示。凸轮轴通过液力挺杆直接驱动气门开启，气门传动组不但没有推杆，也取消了摇臂总成，使配气机构更简单，这种结构形式在轿车发动机上应用越来越广泛。

单顶置凸轮轴、单摇臂轴、气门纵列式配气机构如图3-30b所示。凸轮轴通过摇臂驱动气门开启，由于气门排成一列，所以驱动进、排气门的摇臂相对安装在一根摇臂轴上。

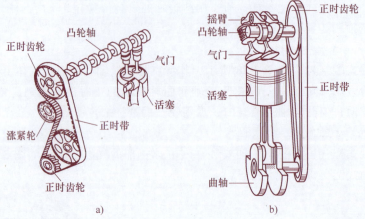

图 3-30 单顶置凸轮轴

有些发动机的配气机构，进、排气门横向排成两列，采用单顶置凸轮轴、双摇臂轴的布置形式，如图 3-31 所示。

单顶置凸轮轴、浮动摇臂、一列气门式配气机构如图 3-32 所示。其特点是凸轮轴位于摇臂上方驱动摇臂，只有摇臂而无摇臂轴（浮动式摇臂），在摇臂上设有滚动轴承，以减轻凸轮和摇臂的磨损。液力挺杆安装在气缸盖上的挺杆导孔内，摇臂与挺杆采用球面接触，并作为摇臂摆转的支点。

（2）双顶置凸轮轴式配气机构　双顶置凸轮轴式配气机构如图 3-33 所示，其特点是用两根凸轮轴分别驱动排成两列的进气门和排气门。此结构形式多用在多气门发动机上，与单顶置凸轮轴式配气机构类似，可通过凸轮轴直接驱动气门，也可通过摇臂间接驱动气门。

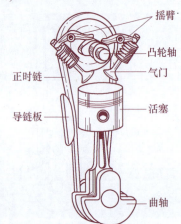

图 3-31 单顶置凸轮轴、双摇臂轴、两列气门式配气机构

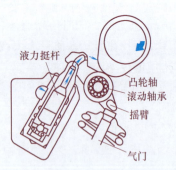

图 3-32 单顶置凸轮轴、浮动摇臂、一列气门式配气机构

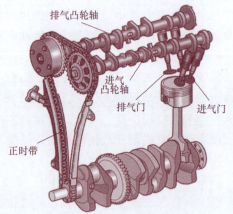

图 3-33 双顶置凸轮轴式配气机构

二、凸轮轴的构造与维修

1. 凸轮轴的构造

凸轮轴的构造如图 3-34 所示。凸轮和轴颈是凸轮轴的基本组成部分，凸轮用来驱动气

门开启,并通过其轮廓形状控制气门开启和关闭的规律,轴颈用来支承凸轮轴,凸轮轴的前端用以安装正时齿轮(正时链轮或正时带轮)。

每根凸轮轴上的凸轮数量因发动机结构形式而异,如直列六缸发动机只装有一根凸轮轴,每个凸轮只驱动一个气门,每缸采用一进、一排两个气门,所以凸轮轴上有12个凸轮。凸轮的轮廓形状决定着气门的最大升程、气门开启和关闭时的运动规律及持续时间。凸轮的轮廓形状是由制造厂根据发动机工作需要设计的。

凸轮可分为两类:驱动进气门的进气凸轮和驱动排气门的排气凸轮。各缸的进气凸轮(或排气凸轮)称为同名凸轮。以直列发动机为例,从凸轮轴前端看,同名凸轮的相对角位置按各缸做功顺序逆凸轮轴转动方向排列,夹角为做功间隔角的一半。做功顺序为1→3→4→2的直列四缸发动机和做功顺序为1→5→3→6→2→4的直列六缸发动机同名凸轮相对角位置如图3-35所示。根据规律可按凸轮轴转动方向和同名凸轮位置判断发动机做功顺序。异名凸轮相对角位置与凸轮转动方向及发动机的配气相位有关。

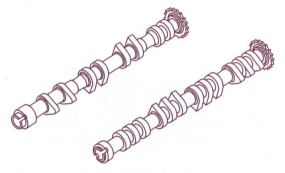

图3-34 凸轮轴的构造

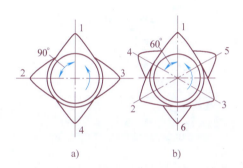

图3-35 同名凸轮相对角位置
a) 直列四缸发动机 b) 直列六缸发动机

在下置凸轮轴式配气机构和中置凸轮轴式配气机构中,安装凸轮轴的座孔和压装在座孔内的凸轮轴轴承一般为整体式。为拆装方便,凸轮轴轴颈直径由前至后逐渐减小。在顶置凸轮轴式配气机构中,安装凸轮轴的座孔和凸轮轴轴承一般为剖分式,凸轮轴各轴颈直径相等。有些凸轮轴的轴颈上加工有不同形状的油槽或油孔,如图3-36所示,这些油槽或油孔用来储存润滑油或作为润滑油通道。

2. 凸轮轴轴向间隙的检查与修理

凸轮轴轴向间隙的检查如图3-37所示,拆下气门传动组其他零件后,用百分表测头抵在凸轮轴端,前后推拉凸轮轴,百分表指针的摆动量即为凸轮轴轴向间隙。

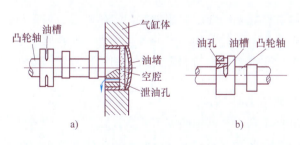

图3-36 凸轮轴轴颈上的油槽和油孔

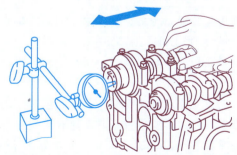

图3-37 凸轮轴轴向间隙的检查

凸轮轴轴向间隙若超过允许极限，可减小隔圈的厚度或更换止动凸缘。

3. 凸轮轴弯曲变形的检查与修理

检查凸轮轴弯曲变形可用其两端轴颈外圆或两端的中心孔作为基准，测量中间一道轴颈的径向圆跳动量，如图3-38所示。凸轮轴径向圆跳动量一般为0.01～0.03mm，允许极限一般为0.05～0.10mm。若超过极限值，可对凸轮轴进行冷压校正，必要时应更换。

4. 凸轮磨损的检查

凸轮的常见故障有表面磨损、擦伤和麻点剥落等，其中以磨损最为常见。凸轮的磨损是不均匀的，一般凸轮的顶尖附近磨损较严重。凸轮磨损后，凸轮高度减小，会使气门的最大升程减小，影响发动机工作时的进、排气阻力。因此，凸轮的磨损程度可通过测量凸轮的高度或凸轮升程来检查。凸轮的高度和升程如图3-39所示。

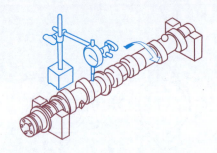
图3-38 凸轮轴弯曲变形的检查

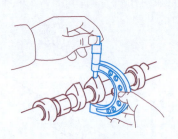
图3-39 凸轮的高度和升程

凸轮高度可用外径千分尺或游标卡尺测量，凸轮升程为凸轮高度与基圆直径之差。凸轮高度或升程若超过允许极限，应更换凸轮轴。

5. 凸轮轴轴颈及轴承磨损的检查与修理

凸轮轴轴颈及轴承的磨损情况可通过测量其配合间隙来检查，凸轮轴轴颈与轴承配合间隙可参照曲轴轴承间隙测量方法进行测量。凸轮轴轴颈与凸轮轴轴承的配合间隙一般为0.02～0.10mm，允许极限一般为0.10～0.20mm。

多数发动机凸轮轴轴颈和轴承无修理尺寸，当轴颈与轴承的配合间隙超过其允许极限时（磨损检查如图3-40所示），必须更换凸轮轴或凸轮轴轴承，必要时两者一起更换。

三、正时传动装置的构造与维修

1. 正时齿轮传动装置

正时齿轮传动具有传动平稳、可靠、不需调整等优点，下置凸轮轴式配气机构一般采用此种传动装置。一对正时齿轮分别安装在曲轴和凸轮轴的前端，用螺栓和螺母固定，齿轮与轴靠键传动。为减小传动噪声，正时齿轮一般采用斜齿轮且用不同的材料制成。通常曲轴上的小齿轮用金属材料制造，而凸轮轴上的大齿轮用非金属材料制造。凸轮轴正时齿轮的齿数为曲轴正时齿轮齿数的两倍，以实现传动比为2∶1。为保证气门的开启和关闭时刻正确，装配时，必须对正两正时齿轮上的正时标记，如图3-41所示。

在维修时，应检查正时齿轮有无裂损及其磨损情况。磨损情况可用塞尺或百分表测量其齿隙来检查，如图3-42所示。正时齿轮若有裂损或齿隙超过0.35mm，应成对更换正时齿轮。通常情况下，正时齿轮不会发生严重磨损，也不易损坏。

项目三　配气机构检修

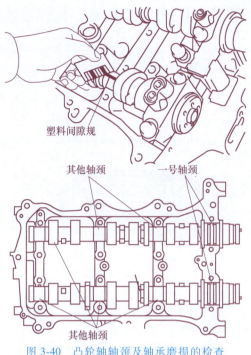

图3-40　凸轮轴轴颈及轴承磨损的检查

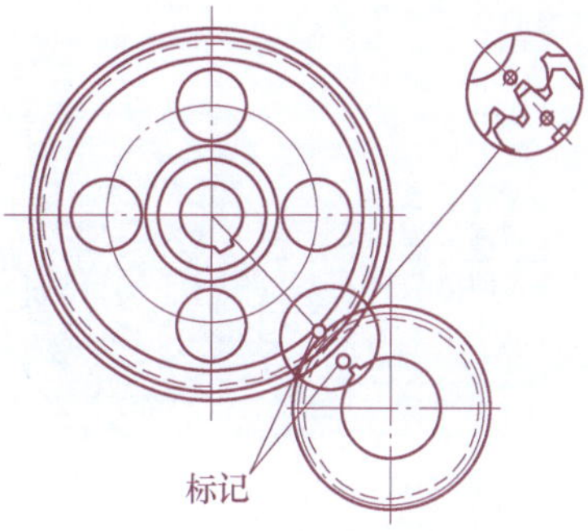

图3-41　正时齿轮传动装置及正时标记

2. 正时链传动装置

正时链传动装置的组成如图3-43所示，主要由正时链、正时链轮、正时链张紧装置等组成。凸轮轴正时链轮的齿数为曲轴正时链轮齿数的两倍，以实现传动比为2∶1。为防止正时链抖动，正时链传动装置设有导链板和张紧装置。导链板采用橡胶导向面为链导向，一般应与链条一起更换。张紧装置使正时链保持一定的张紧度，可分为机械式和液压式两种，应用较多的是液压式正时链张紧装置。当发动机工作时，利用润滑油压力推动液压缸活塞，使张紧链轮压紧正时链。

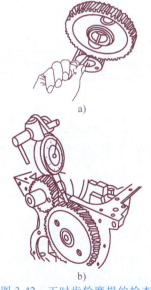

图3-42　正时齿轮磨损的检查
a) 用塞尺检查　b) 用百分表检查

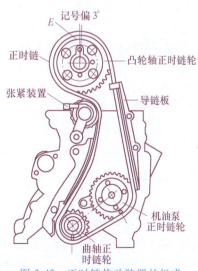

图3-43　正时链传动装置的组成

采用正时链传动装置的配气机构,其正时标记多种多样,装配时应特别注意。常用的正时方法有:对正两链轮上的标记,在两链轮标记之间保持一定的链节数,对正链条与链轮上的标记,1缸活塞处于压缩上止点时对正凸轮轴链轮与缸盖或缸体上的标记等。

目前轿车常用的正时方法是对正链条与链轮上的标记,曲轴链轮上的正时标记与正时链上的标记(链节与其他链节颜色不同)对准,凸轮轴链轮上的正时标记与正时链上的标记对准,如图3-44所示。

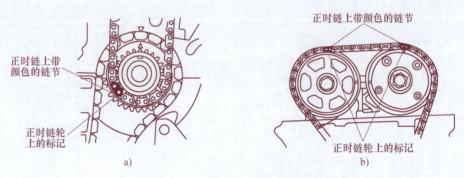

图3-44 正时链轮传动装置的正时标记
a)曲轴正时标记 b)凸轮轴正时标记

正时链传动装置常见故障是链轮磨损或正时链变长,严重时会产生噪声和改变气门开闭时刻。因此,在发动机维修时,应检查链轮的磨损和正时链伸长情况。

为便于检查链轮磨损情况,可将新正时链扣于链轮上并环绕其一周拉紧,用游标卡尺测量直径,如图3-45所示。若小于极限直径,应更换新件。

正时链伸长情况的检查,可测量正时链的全长或规定链节数的长度。测量正时链长度时,为使测量准确,应将正时链用147N(15kgf)的力拉直,再使用游标卡尺测量,测量15个链节的长度,如图3-46所示。若不符合规定值,应更换正时链。

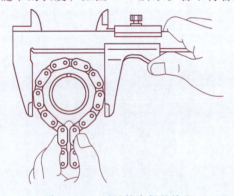

图3-45 正时链轮磨损的检查

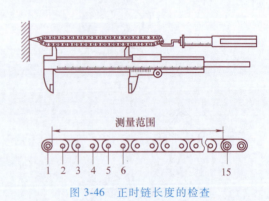

图3-46 正时链长度的检查

3. 正时带传动装置

如图3-47所示,正时带传动装置主要由正时带、正时带轮和张紧轮等组成。张紧轮靠弹簧压紧正时带,同时起到对正时带轴向定位的作用。凸轮轴正时带轮的直径等于曲轴正时带轮直径的两倍,传动比为2∶1。

项目三 配气机构检修

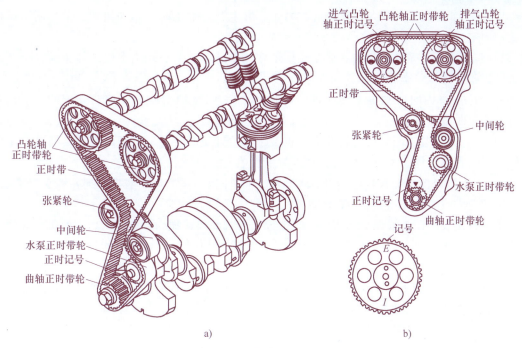

图 3-47 正时带传动装置的组成

常用的正时带为橡胶齿带，一般由氯丁橡胶作为基体，玻璃纤维抗拉体作为强力层，在齿面覆盖有聚酰胺（尼龙）织物以增强表面强度，如图 3-48 所示。正时带传动可以保持传动的精确性，具有传动噪声小、结构简单、安装方便、成本低等优点，广泛应用于轿车发动机的正时传动装置。

正时带传动装置与正时链传动装置一样，正时标记多种多样，装配时必须按相关维修手册中的规定对正正时标记（凸轮轴正时带轮与气缸盖上的标记、曲轴正时带轮与气缸体前端的标记）。常见正时带传动装置的正时标记如图 3-49 所示。顶置气门正时带的安装检查方法如下：

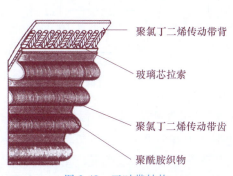

图 3-48 正时带结构

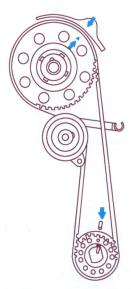

图 3-49 常见正时带传动装置的正时标记

1）将凸轮轴的定位销与垫圈的孔位对正，装上凸轮轴正时带轮和垫圈，用专用工具将凸轮轴固定，按规定力矩紧固凸轮轴正时带轮。

2）将张紧轮弹簧的一端钩在张紧轮座的弯钩部位上，另一端钩在气缸体止动销上，然后稍紧固张紧轮调整螺母。

3）对正凸轮轴正时带轮与正时带后盖上的正时记号，并使曲轴正时带轮上的定位销与前盖上的正时记号对正。

4）将正时带装于曲轴正时带轮上，再装于凸轮轴正时带轮上。顺时针转动曲轴，使凸轮轴正时带轮移动约3个齿，使齿尖与正时带后盖上的记号对正。

5）用手指捏住不带张紧轮一边的同步带，如果刚好能转90°，说明正时带张紧度合适，调整张紧轮固定螺母并锁紧。将曲轴转2~3圈，复查确认一遍。

正时带安装、调整或保护不当时，会造成正时带磨损或损伤。安装时，正时带齿必须与带轮齿吻合。更换正时带时，新、旧正时带必须完全相同。正时带不能过度弯曲（如扭转90°以上或盘起存放等），也不能沾水或油，否则，很容易造成正时带的损坏。

正时带的使用寿命一般为32000~96000km（厂家推荐）。检查正时带时，若发现有图3-50所示的缺陷，必须更换正时带。

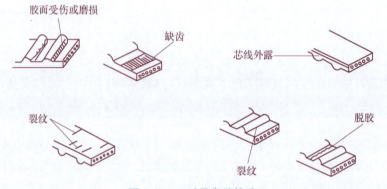

图3-50 正时带常见缺陷

凸轮轴或曲轴正时带轮的常见故障是磨损，可用游标卡尺测量正时带轮直径，检查其磨损情况，如图3-51所示。若正时带轮直径超过允许极限，应更换正时带轮。

四、气门间隙

发动机在冷态下，当气门处于关闭状态时，气门与传动件之间的间隙称为气门间隙。气门间隙是为保证发动机配气机构的正常工作而设置的，由于配气机构工作时处于高速状态，温度较高，若发动机在冷态下不预先留出气门间隙，当发动机达到正常工作温度时，气门挺杆、气门杆等零件受热后伸长，便会自动顶开气门，使气门与气门座关闭不严，造成漏气现象。为确保高温状态下气门也能正常关闭，设计配气机构时，在进、排气门杆尾端与挺杆（或摇臂）上调整螺钉之间留有一定的间隙，这一间隙就是气门间隙。气门间隙的大小取决于发动机型号，由制造商规定。一般气门间隙：进气门为0.10~0.25mm，排气门为0.10~0.40mm。

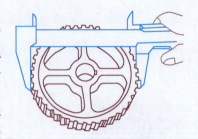

图3-51 正时带轮磨损的检查

下置凸轮式配气机构的气门间隙为气门杆尾部与摇臂之间的间隙，可通过摇臂上的调节螺钉进行调整，如图3-52a所示。顶置凸轮无摇臂式配气机构的气门间隙为凸轮与挺柱之间的间隙，可通过更换凸轮和挺柱之间的调整垫片进行调整，如图3-52b所示。顶置凸轮有摇臂式配气机构的气门间隙有两种形式：一种为气门杆尾部与摇臂之间的间隙，如图3-52a所示，另一种为凸轮与摇臂之间的间隙，如图3-52c所示，可通过摇臂支座上的气门调节螺钉进行调整。

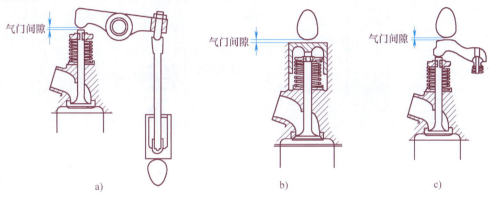

图 3-52 气门间隙

a）气门杆尾部与摇臂之间的气门间隙　b）凸轮与挺柱之间的气门间隙　c）凸轮与摇臂之间的气门间隙

当气门间隙过大时，发动机工作后，进、排气门开启滞后且关闭过早，缩短了进、排气时间，降低了气门的开启高度，改变了正常的配气相位，发动机因充气效率下降、排气不净而功率下降，此外，还使配气机构零件的撞击增加，出现气门噪声，气门传动装置磨损加快。

当气门间隙过小时，发动机工作后，气门开启较早且关闭较晚，零件受热膨胀，将气门推开，使气门关闭不严，造成漏气、功率下降，并使气门的密封表面严重积炭或烧坏，甚至气门撞击活塞。

五、挺杆的构造与维修

1. 普通挺杆的构造与维修

普通挺杆一般应用在下置凸轮轴式配气机构或中置凸轮轴式配气机构中。常见普通挺杆如图3-53所示。普通挺杆一般为筒式结构，在发动机工作时挺杆底部与凸轮接触，为使挺杆底部磨损均匀，挺杆底部的工作面一般制成球面。挺杆的下端设有油孔，以便将漏入挺杆内的润滑油排到凸轮上进行润滑。普通挺杆内孔的底部也制成球面，它与推杆下端的球面接触，以降低磨损程度。

普通挺杆的常见故障是工作面损伤或磨损。挺杆外表圆柱工作面和底部工作面有轻微的损伤或麻点，可用磨石修整；若发现挺杆有裂纹、工作面严重刮伤或偏磨，应及时更换。挺杆与其导向孔的配合间隙若超过允许极限，也应及时更换。

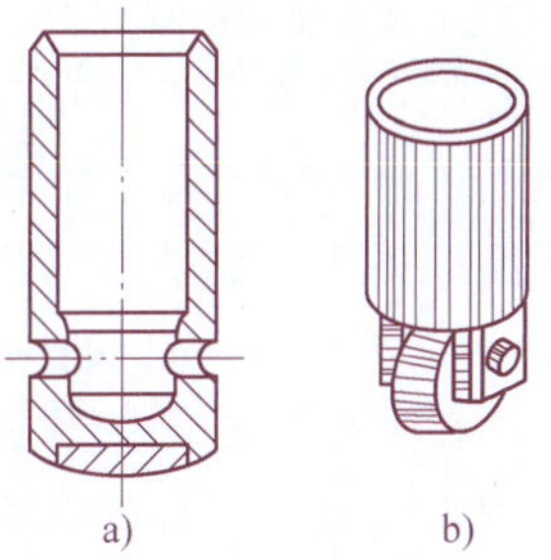

2. 液力挺杆的构造与维修

液力挺杆能自动保持配气机构无间隙传动，从而降低噪声和磨损，而且不需调整气门间隙，在轿车发动机上应用非常广泛。

常见液力挺杆的结构如图3-54所示。在挺杆体中装有柱塞，

图 3-53 普通挺杆

a）筒式　b）滚轮式

柱塞上端压有挺杆球座作为推杆的支承座，同时将柱塞腔堵住。柱塞被柱塞弹簧推向上方，其最上位置由卡环来限制。柱塞下端的单向阀阀架内装有单向阀及单向阀弹簧，用于关闭单向阀。

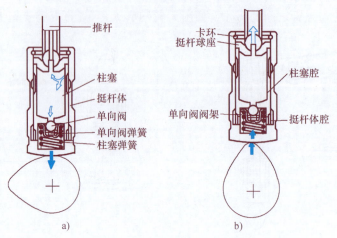

图3-54 常见液力挺杆（下置或中置凸轮轴式）的结构
a）关闭气门时 b）打开气门时

当发动机工作时，润滑油经主油道供给液力挺杆。当气门处于关闭状态时（图3-54a），润滑油经挺杆体和柱塞上的进油孔进入柱塞腔内，并推开单向阀，充入挺杆体腔内。柱塞弹簧使柱塞连同挺杆球座与推杆压紧，消除配气机构的间隙，但由于气门弹簧的弹力较大，所以气门不会被顶开；当挺杆体受凸轮的推动打开气门时（图3-54b），推杆作用于球座和柱塞上的反作用力使柱塞克服柱塞弹簧的力相对于挺杆体向下移动，于是柱塞下腔内的油压迅速升高，使单向阀关闭。由于液体的不可压缩性，整个挺杆便像一个刚体一样，使气门开启。在气门开启过程中，挺杆体腔内的油液会有少量从柱塞与挺杆体之间的间隙中泄漏，但不会影响配气机构的正常工作，而且在气门关闭后，挺杆体腔内的油液会立即得到补充，使配气机构保持无间隙传动。

当配气机构零件受热膨胀时，挺杆体腔内的部分油液从间隙中被挤出，挺杆体腔容积减小，挺杆自动"缩短"。反之，当配气机构零件冷缩时，柱塞弹簧使柱塞顶起，挺杆体腔容积增大，气门关闭后，增加向挺杆体腔的补油量，液力挺杆自动"伸长"。因此，液力挺杆能自动补偿配气机构零件的热胀冷缩，始终保持无间隙传动。

在顶置凸轮轴式配气机构中，作为摇臂支点的液力挺杆的组成和工作原理与上述液力挺杆基本相同，区别主要是：该挺杆不受凸轮直接驱动，压装在柱塞上端的支座为摇臂支座。

在无摇臂总成的顶置凸轮轴式配气机构中，液力挺杆安装在凸轮与气门之间，此种液力挺杆的结构如图3-55所示。

挺杆体是液力挺杆的基础，上面加

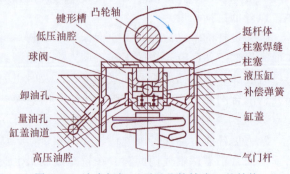

图3-55 液力挺杆（顶置凸轮轴式）的结构

工有环形油槽，缸盖上的上油道通过量油孔和卸油孔与该油槽对齐，润滑油可沿该油道经过挺杆体背面的键形槽进入柱塞上面的低压油腔。这时缸盖油道与液力挺杆的低压油腔形成一个通路。液压缸和柱塞是一对精密偶件。柱塞下端是一个球形阀座，外径与液压缸内孔相配合，顶部与挺杆体背面接触。柱塞和球阀的开闭可将挺杆分成两个油腔。球阀开启，两油腔相通，球阀关闭，两油腔分开，上部是低压油腔，下部是高压油腔。柱塞回位补偿弹簧的作用是使挺杆顶面与凸轮轮廓线保持接触，当凸轮基圆与挺杆顶面接触时，可消除并补偿气门间隙。

<u>液力挺杆的工作原理</u>：当凸轮由基圆部分与挺杆接触逐渐转到凸轮尖与挺杆接触时，润滑油通过缸盖油道（图 3-55）、量油孔、卸油孔进入挺杆的环形油槽，再由环形油槽中的一个油孔进入挺杆低压油腔，挺杆向下移动，柱塞随之下移，高压油腔的油压升高，使球阀紧压在柱塞座上，低压油腔与高压油腔完全隔离。由于润滑油的不可压缩性，液压缸和柱塞就形如一个刚性整体。随着凸轮轴的转动，气门便逐渐被打开。在气门弹簧和凸轮的共同作用下，高压油腔依然关闭直至凸轮回程结束，当凸轮基圆再次与挺杆顶端相遇时，缸盖油道中的液压油经量油孔、卸油孔、挺杆环形油槽中的进油孔进入挺杆低压油腔。气门在气门弹簧的作用下将气门关闭。这时在高压油和柱塞回位补偿弹簧的作用下，柱塞向上移动，高压油腔的压力下降，球阀打开，高、低压油腔相通，高压油腔的油得到了补充，即起到了补偿气门间隙的作用。

液力挺杆的常见故障是外表工作面磨损或损伤、挺杆内部配合表面磨损导致密封不良等。维修时，除按普通挺杆的检查项目和方法对液力挺杆体外表工作面的损伤情况、液力挺杆体与导向孔的配合间隙进行检查外，还需对液力挺杆进行密封性检查，如图 3-56 所示。

具体步骤如下：

1）将液力挺杆装入油杯，并在油杯中加入试验油，使液力挺杆完全浸没在油中。

2）用检验仪上的压头压住液力挺杆柱塞（或液压缸），

图 3-56 液力挺杆密封性的检查

反复把重臂提起再放下，使挺杆体中的柱塞（或液压缸）上下往复运动多次，以便排除液力挺杆内的空气，直到油杯中无气泡冒出后提起重臂，使柱塞（或液压缸）自由升起到正常位置。

3）将重臂轻轻落下，在重臂作用下液力挺杆逐渐"缩短"，检验仪指针可在刻度盘上指示出液力挺杆尺寸变化量。

4）顺时针转动检验仪底座上的手柄，以使油杯旋转，转速为 30r/min。

5）当检验仪指针指到刻度盘上 "START" 标记时，按下秒表，记录液力挺杆 "缩短" 一定尺寸时所需时间。如：北京切诺基轿车 2.5L 发动机液力挺杆 "缩短" 3.18mm 所需时间应为 20~110s，不符合规定时间的液力挺杆应更换。

<u>有些发动机规定用测量液力挺杆自由行程的方法检查其密封性</u>，如上海桑塔纳、一汽奥迪和捷达/高尔夫轿车的液力挺杆，检查应在发动机熄火后立即进行，方法如下：拆下气缸盖罩，顺时针转动曲轴，使待检液力挺杆的凸轮向上，用楔形木棒或塑料棒压下液力挺杆，但不要使气门开启，如图 3-57 所示，用塞尺测量挺杆与凸轮之间的间隙。若间隙超过

0.1mm，应更换该液力挺杆。

采用液力挺杆的发动机，当停放时间过长或冷机时，起动后挺杆短时间内有异响是正常现象；若发动机达到正常工作温度后仍有异响，应检查润滑油压力是否正常、油道是否通畅；若上述检查正常，则应检查液力挺杆密封性或自由行程。液力挺杆不能修理，一般也不需分解，若有必要分解进行清洗的，装配时必须使用原配零件，并注意保持清洁。重新装配后的液力挺杆在装机前，还需对液力挺杆进行排气，排气可在专用检验仪上按上述密封性检查步骤 1) 和步骤 2) 进行。

图 3-57　液力挺杆自由行程的检查

在配气机构装配后，液力挺杆内的挺杆支座与卡环之间应有一定的间隙（称为挺杆间隙），以便保证在配气机构磨损或温度降低后，液力挺杆能够补偿可能出现的气门间隙。多数发动机的液力挺杆间隙不需要专门进行调整，配气机构按规定装配后即可保证。在采用螺栓安装式摇臂的配气机构中，需对液力挺杆间隙进行调整。

六、摇臂总成的构造与维修

1. 摇臂总成的构造

摇臂总成的功用是将气门传动组的推力改变方向并驱动气门开启。摇臂是一个两臂不等长的双臂杠杆。采用摇臂驱动气门开启的配气机构，虽机构比较复杂，但可通过选择摇臂两端的长度，在气门升程一定时减小凸轮升程，同时气门间隙的调整也比较方便。

常见摇臂总成的组成如图 3-58 所示，主要由摇臂轴、摇臂轴支座、摇臂及定位弹簧等组成。摇臂总成所有零件均安装在摇臂轴上，并通过摇臂轴支座用螺栓安装在气缸盖上，为防止摇臂轴在其支座孔内转动或轴向窜动，用紧固螺钉将摇臂轴固定。摇臂通过镶在其中间轴孔内的衬套装在摇臂轴上，为保证各摇臂的轴向位置，用装在摇臂侧面的定位弹簧使其定位。摇臂轴为空心结构，两端用堵塞封闭，润滑油经气缸盖和摇臂轴支座上的油道进入摇臂轴内，摇臂轴和摇臂上都加工有相应的油孔，使摇臂轴与摇臂之间及摇臂两端都能得到可靠的润滑。

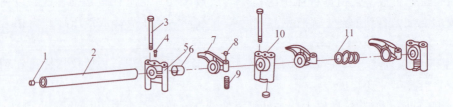

图 3-58　常见摇臂总成的组成

1—堵塞　2—摇臂轴　3—螺栓　4—摇臂轴紧固螺钉　5—摇臂轴支座　6—摇臂衬套
7—摇臂　8—调整螺钉锁紧螺母　9—气门间隙调整螺钉　10—摇臂轴中间支座　11—定位弹簧

在不同的配气机构中装用的摇臂也有不同的结构形式。在下置凸轮轴式配气机构或中置凸轮轴式配气机构中，摇臂中间加工有摇臂轴孔，安装在摇臂轴上，长臂一端加工成与气门杆尾部接触的圆弧工作面，短臂一端则加工有螺纹孔，用以安装气门间隙调整螺钉及锁紧螺母，调整螺钉的下端加工成与推杆端头相应的球面。在一些顶置凸轮轴式配气机构中，凸轮直接驱动摇臂，摇臂与气门杆尾部接触的一端安装气门间隙调整螺钉，而与凸轮接触的一端加工成圆弧工作面。也有些发动机采用无摇臂轴的浮动式摇臂。

在部分美国生产的汽车发动机上，采用螺栓安装式摇臂，其总成的组成如图3-59所示。摇臂为结构较简单的冲压件，用螺柱和球面支座安装在气缸盖上，摇臂中间与球面支座接触的部分及两端与气门和推杆接触的部分均经加工，当发动机工作时，摇臂绕球面支座摆动。摇臂安装螺柱有些是压装在气缸盖上，也有些是以螺纹旋入气缸盖的，采用旋入式螺柱必须用锁紧螺母锁止。配气机构装配后，通过调整螺母可改变摇臂的安装高度，以调整液力挺杆间隙；调整应在

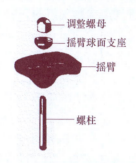

图3-59　螺栓安装式摇臂总成的组成

发动机工作中进行，可迅速旋松调整螺母，使液力挺杆"伸长"到极限（即液力挺杆内的推杆支座与卡环接触），再拧紧调整螺母以消除气门间隙，然后将发动机熄火，再拧紧调整螺母360°±90°；重新起动发动机前，应等待20min以上，以便液力挺杆内的油液被挤出，否则可能导致气门与活塞顶撞。

2. 摇臂总成的维修

当分解摇臂总成时，应注意各摇臂的序号、摇臂轴的安装方向及位置，以免安装时位置装错。对摇臂总成零件进行清洗时，应注意将摇臂轴内部清理干净，并保证各油孔通畅。摇臂总成分解后，主要进行以下检查：

1）检查摇臂球面接触部位的磨损情况，若有轻微的磨损沟痕，可用磨石或磨光机进行修磨，磨损严重时应更换摇臂。

2）安装有气门间隙调整螺钉的摇臂，检查其调整螺钉、锁紧螺母和摇臂上的螺孔是否完好，若有损坏，应更换。

3）带滚动轴承的浮动式摇臂，检查其轴承，若磨损严重或损坏，应更换摇臂。

4）安装在摇臂轴上的摇臂，测量摇臂衬套内径和摇臂轴外径，检查其配合间隙，若间隙超过允许极限，应更换零件或总成。

5）检查摇臂轴的弯曲变形，若超过允许极限，应校正或更换摇臂轴。

6）检查摇臂与摇臂轴的配合间隙，用外径千分尺和内径百分表分别测量摇臂轴与摇臂轴孔的尺寸，如图3-60所示。维修极限一般为0.08mm，如果间隙超出极限，应更换摇臂轴及所有间隙超标的摇臂；检查装有可变配气相位装置的摇臂与摇臂轴配合间隙时（如广州本田VTEC），若摇臂需要更换，则将主、次摇臂成套更换。

配气正时及零部件检验的标准操作流程

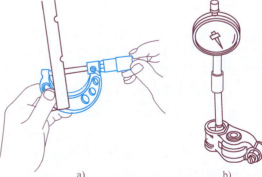

图3-60　摇臂与摇臂轴配合间隙的测量
a）摇臂轴外径的测量　b）摇臂轴孔内径的测量

七、配气相位

1. 配气相位的概念

在发动机的实际工作中，为使进气充分、排气干净，进气门和排气门均存在早开晚关的情况，进气门和排气门的开启持续时间也大于180°曲轴转角。发动机进气门、排气门实际开启或关闭的时刻和开启持续时间，称为配气相位，通常用曲轴转角来表示。发动机的配气相位如图3-61所示。

（1）进气门的配气相位 发动机实际工作过程中，进气门是在活塞运行到排气行程上止点之前开始打开的，而在活塞运行到进气行程下止点之后才关闭。从进气门开始开启到活塞运行到上止点，曲轴转过的角度称为进气门提前开启角，用α表示，一般为10°~30°。从活塞位于进气行程下止点到进气门完全关闭，曲轴转过的角度称为进气门迟后关闭角，用β表示，一般为40°~80°。

由于进气门提前开启和迟后关闭，进气门实际开启的持续时间为α+180°+β。

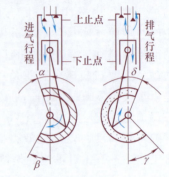

（2）排气门的配气相位 发动机实际工作过程中，排气门是在活塞运行到做功行程下止点之前开始打开的，而在活塞运行到排气行程上止点之后才关闭。从排气门开始开启到活塞运行到下止点，曲轴转过的角度称为排气门提前开启角，用γ表示，一般为40°~80°。从活塞位于排气行程上止点到排气门完全关闭，曲轴转过的角度称为排气门迟后关闭角，用δ表示，一般为10°~30°。

由于排气门提前开启和迟后关闭，排气门实际开启的持续时间为γ+180°+δ。

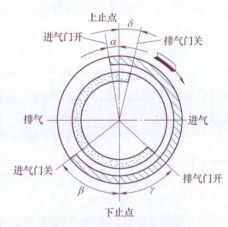

图3-61 发动机的配气相位

活塞处于排气行程上止点附近时，由于进气门的提前开启和排气门的迟后关闭，存在进气门和排气门同时开启的现象，称为气门叠开。在气门叠开过程中，曲轴转过的角度称为气门叠开角，其值等于α+δ。

2. 对配气相位的要求

配气相位对发动机性能有很大影响，即使同一台发动机，随转速的不同，对配气相位的要求也不同，转速提高时，要求气门提前开启角和迟后关闭角增大；反之，则要求减小。

目前，汽车发动机一般都是根据性能的要求，通过试验来确定某一常用转速下较合适的配气相位，在装配时，对正凸轮轴驱动装置中的正时标记，即可保证已确定的配气相位。在发动机使用中，已确定的配气相位是不能改变的。自然发动机性能只有在某一常用转速下最好，而在其他转速下工作时，发动机的性能较差。为解决上述问题，在有些汽车发动机上采用了可变配气相位控制机构。

由于进气门配气相位对发动机性能的影响比排气门大，所以各种发动机装用的可变配气相位控制机构一般只控制进气门配气相位，以免使配气机构过于复杂。此外，配气相位取决

项目三 配气机构检修

于凸轮的形状及凸轮轴与曲轴的相对位置，在发动机工作中，变换驱动凸轮或改变凸轮轴与曲轴相对位置，均可实现配气相位的调节。

目前，车用发动机装用的可变配气相位控制机构主要有三种类型：日本本田车系的 VTEC(Variable Valve Life Timing & Valve Electronic Control) 可变配气正时（相位）及气门升程电子控制机构、德国奔驰车系可变配气相位控制机构和德国大众车系可变配气相位控制机构。

任务实施

一、职业能力点

1）能检查、拆卸和更换凸轮轴。
2）能检查、拆卸和更换正时传动装置。
3）能检查、拆卸和更换液力挺杆。
4）能检查、拆卸和更换摇臂轴总成。

二、准备工作及注意事项

1）检查凸轮轴的弯曲变形时，应使其支撑稳妥，百分表架牢靠无晃动。
2）安装液力挺杆时，应先将其浸入润滑油中，使挺杆内部油道中充满润滑油。
3）在装配过程中，特别要注意正时装配记号。
4）拆下的零部件按顺序放好，并注意不要损坏零件。

三、拆装及检修流程

1. 凸轮轴的检查

（1）工作步骤

1）拆卸凸轮轴。
2）检查凸轮升程。
3）检查凸轮表面，观察是否有凹陷或损坏。
4）检查凸轮轴向间隙，标准值一般为 0.08~0.20mm。若超过允许极限，可减小隔圈的厚度或更换止动凸缘。
5）检查凸轮轴变形。凸轮轴径向圆跳动量一般为 0.01~0.03mm，允许极限一般为 0.05~0.10mm。若超过极限值，可对凸轮轴进行冷压校正，必要时应更换。
6）测量每个凸轮轴轴颈的直径。

（2）工具

1）检测平台。
2）常用工具箱。
3）外径千分尺。
4）百分表。
5）塞尺。
6）抹布。

2. 正时机构的检查

（1）工作步骤

1）检查正时带。查看有无破损、裂纹。

2）更换正时带。注意安装标记。

（2）工具

1）常用工具箱。

2）扭力扳手。

3．液力挺杆的检查

（1）工作步骤

1）拆下气门室罩盖。

2）检查液力挺杆工作状况。

（2）工具

1）液力挺杆检测仪。

2）常用工具箱。

3）撬棍。

四、工作质量控制

1）检查工作计划中的所有项目，确认所有项目都已认真完成，并在解释的范围内做出全面解释。

2）检查安全、环保方面的工作是否到位。

3）检查是否遵守规定的维修工时。

4）检查车辆、发动机是否干净整洁，护套是否取下，工具是否整理。

5）结合检测结果，指出发动机机械方面的故障。

6）考虑工作计划中的准备工作，检测仪器、工作油液和辅助材料的可使用性是否达到最佳程度，提出合理化建议并在下一次检修时予以考虑。

7）考虑工作任务的完成过程中，是否满足气门传动组检修的技能点要求，提出合理化建议，做好记录，并在下一次检测分析时予以考虑。

知识拓展

一、日本本田车系 VTEC 机构

1. VTEC 机构的组成

VTEC 机构的组成如图 3-62 所示。同一缸的两个进气门有主、次之分，即主进气门和次进气门。每个进气门通过单独的摇臂驱动，驱动主进气门的摇臂称为主摇臂，驱动次进气门的摇臂称为次摇臂，在主摇臂、次摇臂之间装有一个中间摇臂，中间摇臂不与任何气门直接接触，三个摇臂并列在一起组成进气摇臂总成。凸轮轴上有三个不同升程的凸轮分别驱动主摇臂、中间摇臂和次摇臂，也相应分为主凸轮、中间凸轮和次凸轮。在凸轮形状设计上，中间凸轮的升程最大，次凸轮的升程最小；主凸轮的形状适合发动机低速时主进气门单独工作时的配气相位要求，中间凸轮的形状适合发动机高速时主、次双进气门工作时的配气相位要求。

正时板的功用是：正时活塞处于初始位置和工作位置时，靠回位弹簧使正时板插入正时活塞相应的槽中，将正时活塞定位。

进气摇臂总成如图 3-63 所示，在三个摇臂靠近气门的一端均设有液压缸孔，液压缸孔

中装有靠液压控制的正时活塞、同步活塞、阻挡活塞及弹簧。正时活塞一端的液压缸孔与发动机的润滑油道连通，ECU 通过电磁阀控制油道的通、断。

VTEC 配气机构与普通配气机构相比，在结构上的主要区别是：凸轮轴上的凸轮较多，且升程不等，进气摇臂总成的结构复杂。排气门的工作情况与普通配气机构相同。

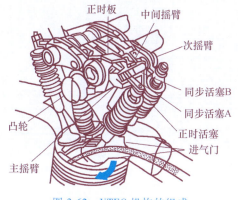

图 3-62　VTEC 机构的组成

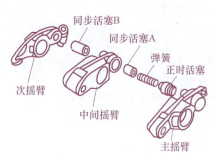

图 3-63　进气摇臂总成

2. VTEC 机构的工作原理

可变配气相位控制系统的功能是：根据发动机转速、负荷等变化来控制 VTEC 机构工作，改变驱动同一气缸两进气门的凸轮工作，以调整进气门的配气相位及升程，并实现单进气门工作和双进气门工作的切换。

当发动机低速运转时，VTEC 机构电磁阀不通电，使油道关闭，润滑油压力不能作用在正时活塞上，在次摇臂液压缸孔内的弹簧和阻挡活塞作用下，正时活塞和同步活塞 A 回到主摇臂液压缸孔内，与中间摇臂等宽的同步活塞 B 停留在中间摇臂的液压缸孔内，三个摇臂彼此分离，如图 3-64 所示。此时，主凸轮通过主摇臂驱动主进气门，中间凸轮驱动中间摇臂空摆，次凸轮的升程非常小，通过次摇臂驱动次进气门微量开启，其目的是防止次进气门附近积聚燃油。配气机构处于单进、双排气门工作状态，单进气门由主凸轮驱动。

当发动机高速运转，且发动机转速、负荷、冷却液温度及车速达到设定值时，计算机控制电路向 VTEC 机构电磁阀供电，使电磁阀开启，来自润滑油道的润滑油压力作用在正时活塞一侧，由正时活塞推动两同步活塞和阻挡活塞移动，两同步活塞分别将主摇臂与中间摇臂、次摇臂与中间摇臂插接成一体，成为一个同步工作的组合摇臂，如图 3-65 所示。此时，由于中间凸轮升程最大，组合摇臂受中间凸轮驱动，两个进气门同步工作，进气门的配气相位和升程与发动机低速运转时相比，其升程、提前开启角和迟后关闭角均增大。

当发动机转速下降到设定值时，计算机控制电路切断 VTEC 机构电磁阀电流，正时活塞一侧的润滑油压力降低，各摇臂液压缸孔内的活塞在回位弹簧作用下回位，三

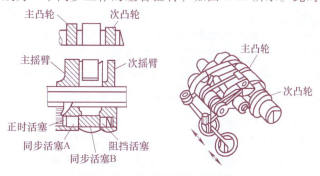

图 3-64　发动机低速运转时 VTEC 机构的工作状态

个摇臂独立工作。

3. VTEC控制系统电路

VTEC控制系统电路如图3-66所示。ECU根据发动机转速、负荷、冷却液温度和车速信号控制VTEC机构电磁阀。电磁阀通电后,通过压力开关给计算机提供一个反馈信号,以便监控系统工作。

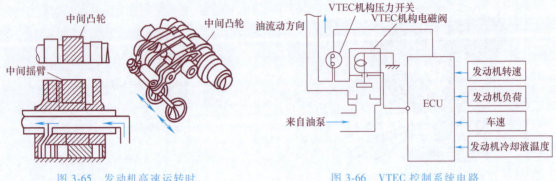

图3-65　发动机高速运转时 VTEC机构的工作状态

图3-66　VTEC控制系统电路

4. i-VTEC系统

i-VTEC系统是在原有系统的基础上,添加了一个"可变正时控制"(Variable Timing Control, VTC)机构,即一组进气凸轮轴正时可变控制机构,通过ECU控制程序,控制进气门的开启、关闭。它在发动机低转速时关闭每缸的一个进气门,让燃烧室内形成一道稀薄的混合气涡流,集结在火花塞周围点燃做功。当发动机高转速时,则在原有基础上增加进气门的开度及时间,以获取最大充气量。VTC机构令气门重叠时间更加精确,达到最佳的进、排气门重叠时间,并使发动机动力性和排放性能得到提高。

5. VTEC机构的检修

在维修时,拆下VTEC机构电磁阀总成后,检查电磁阀滤清器,若滤清器有堵塞现象,应更换滤清器和发动机润滑油。电磁阀密封垫一经拆下,必须更换新件。拆开VTEC机构电磁阀,用手指检查电磁阀的运动是否自如,若有发卡现象,应更换电磁阀。

发动机不工作时,拆下气门室罩盖,转动曲轴分别使各缸处于压缩行程上止点位置,用手按压中间摇臂,应能与主摇臂和次摇臂分离单独运动。用专用堵塞堵住油道减压孔,拆下润滑油压力检查孔处的密封螺栓,通入压力为400kPa的压缩空气,用手推动正时片端部,使其向上移动2~3mm,当转动曲轴使气缸内活塞处于压缩行程上止点位置,且三个摇臂并列平行时,从三个摇臂的缝隙中观察同步活塞的接合情况,同步活塞应将三个摇臂连接为一体,用手按压中间摇臂应不能单独运动。当停止输入压缩空气时,推动正时片端部使其向上移动,摇臂内的同步活塞应迅速回位。进气摇臂总成的工作情况若不符合上述要求,应分解检查进气摇臂总成,必要时成组更换进气摇臂总成。

日本本田车系轿车在使用中,若有故障码21,说明VTEC电磁阀或其电路有故障,应按以下步骤进行检查:

1)清除故障码,并重新起动发动机,必要时上路测试,再次调取故障码,若不再有故障码21,说明VTEC机构存在间歇性故障,一般是电磁阀线路连接不良所致。

2)关闭点火开关,拆开VTEC机构电磁阀线束插接器,测量电磁阀线圈的电阻(1号端子与搭铁间），如图 3-67 所示。标准电阻值应为 14~30Ω，否则，应更换 VTEC 机构电磁阀。

3）若电磁阀电阻值符合标准规定，检查 VTEC 机构电磁阀与 ECU 之间的连接电路是否有短路或断路故障。

4）若上述检查均正常，接好 VTEC 机构电磁阀线束插接器，拆下电磁阀上的 M10 螺栓，将专用插头和压力表连接到电磁阀上。然后起动发动机，当达到正常工作温度后（冷却风扇转动），检查发动机转速分别为 1000r/min、2000r/min 和 4000r/min 时的润滑油压力。若润滑油压力均高于 49kPa，则说明 VTEC 机构电磁阀不能开启，应进行更换。

图 3-67　VTEC 机构电磁阀线圈电阻的测量

若上述检查的润滑油压力均低于 49kPa，则关闭点火开关，拆开 VTEC 机构电磁阀线束插接器，用蓄电池直接给电磁阀通电。然后起动发动机，测量转速为 3000r/min 时的润滑油压力。润滑油压力应达到 250kPa 以上，否则，说明机油泵工作不良或润滑系统有泄漏。

5）用换件法检查 ECU 是否有故障，必要时更换 ECU。

二、德国大众车系可变配气相位控制机构

德国大众车系 V6 发动机装用的可变配气相位控制机构如图 3-68 所示，该发动机共有 2 根进气凸轮轴和 2 根排气凸轮轴，在每列气缸的气缸盖上，排气凸轮轴安装在外侧，进气凸轮轴安装在内侧。曲轴通过正时带驱动排气凸轮轴，排气凸轮轴通过链驱动进气凸轮轴。

发动机工作时，ECU 根据发动机转速信号控制正时电磁阀动作，以此改变通向液压缸的油路，而液压缸则带动正时调节器向上或向下移动。当正时调节器向上或向下移动时，进气凸轮轴与排气凸轮轴间传动链紧边的位置随之改变。由于排气凸轮轴与曲轴间采用正时带传动，排气门的配气相位不变，所以进气凸轮轴与排气凸轮轴间传动链紧边的变化，会改变进气凸轮轴与曲轴间的相对位置，从而调节进气门的配气相位。

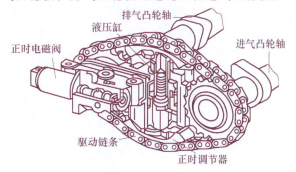

图 3-68　德国大众车系 V6 发动机装用的可变配气相位控制机构

当发动机转速较低时（要求进气门迟后关闭角减小），如图 3-69 所示，左列气缸对应的液压缸带动正时调节器向下运动，上部链被放松，下部链被正时调节器压紧，由于排气凸轮轴在曲轴正时带作用下不可能逆时针反转，所以进气凸轮轴在下部链拉力作用下，沿其工作方向（顺时针方向）转动一定角度，使配气相位提前，即提前开启角增大，迟后关闭角减小。此时，右列气缸的液压缸带动正时调节器向上运动，下部链被放松，上部链被正时调节器压紧，在上部链拉力作用下，右列进气凸轮轴沿其工作方向（顺时针方向）转动一定角度，使配气相位提前。

当发动机转速较高时（要求进气门迟后关闭角增大），如图 3-70 所示，左列气缸正时调节器向上运动，下部链被放松，由于排气凸轮轴上的链轮顺时针转动，首先要拉紧下部链后才能带动进气凸轮轴转动；在下部链由松变紧的过程中，进气凸轮轴迟后一定角度，使进气门配气

相位推迟。此时，右列气缸的正时调节器向下运动，同样使进气门配气相位推迟。

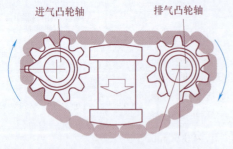

图3-69 发动机转速较低时

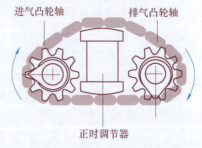

图3-70 发动机转速较高时

三、丰田 VVT-i（Variable Valve Timing-Intellectual）

雷克萨斯LS400智能可变配气正时系统用于控制进气凸轮轴在50°范围内调整凸轮轴转角，使配气正时满足优化控制发动机工作状态的要求，从而提高发动机在所有转速范围内的动力性、经济性和降低尾气排放。

1. VVT-i 系统构造

VVT-i系统由VVT-i控制器、凸轮轴正时控制阀和传感器（曲轴位置传感器、凸轮轴位置传感器和VVT传感器）三部分组成，如图3-71所示。

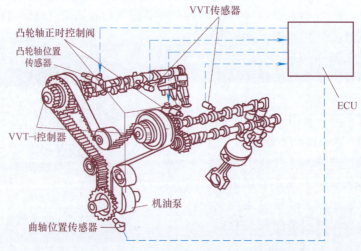

图3-71 雷克萨斯LS400 VVT-i系统组成

雷克萨斯LS400发动机是8缸V形排列4气门式的，有2根进气凸轮轴和2根排气凸轮轴。在工作中，排气凸轮轴由凸轮轴同步带轮驱动，其相对于同步带轮的转角不变。曲轴位置传感器检测曲轴转角，向ECU提供发动机转速信号；凸轮轴位置传感器检测同步带轮转角；VVT传感器检测进气凸轮轴相对于同步带轮的转角。它们的信号输入ECU，ECU根据转速和负荷的变化控制进气凸轮轴正时控制阀，再控制VVT-i控制器，使进气凸轮轴相对于同步带旋转一个角度，达到进气门延迟关闭的目的，用以增大高速时的进气迟后角，从而提高充气效率。

VVT-i控制器的结构如图3-72所示，它包括由正时带驱动的外齿轮和与进气凸轮轴刚性连接的内齿轮，以及一个内齿轮、外齿轮之间的可动活塞。活塞的内、外表面上有螺旋形花键。活塞沿轴向的移动，会改变内、外齿轮的相对位置，从而产生配气相位的连续改变。

VVT-i 外壳通过安装在其后部的剪式齿轮驱动排气凸轮轴。凸轮轴正时控制阀根据 ECU 的指令控制阀轴的位置，从而将油压施加给凸轮轴正时带轮，以提前或推迟配气正时。当发动机停机时，凸轮轴正时控制阀处于最延迟的位置，如图 3-73 所示。

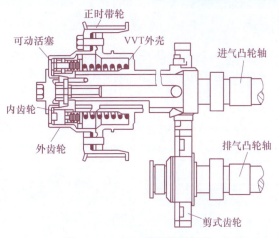

图 3-72　VVT-i 控制器的结构

2. 工作原理

根据发动机 ECU 的指令，当凸轮轴正时控制阀位于图 3-73a 所示位置时，润滑油压力施加在活塞的左侧使活塞向右移动。由于活塞上旋转花键的作用，进气凸轮轴相对于凸轮轴正时带轮提前某一角度。

当凸轮轴正时控制阀位于图 3-73b 所示位置时，润滑油压力施加在活塞的右侧将活塞向左推动，使进气凸轮轴向延迟方向旋转。

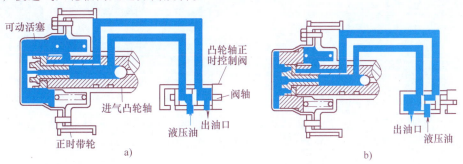

图 3-73　VVT-i 系统工作原理

发动机 ECU 根据具体的动作参数进行处理，并计算出最佳的配气相位。当达到最佳的配气相位以后，凸轮轴正时控制阀关闭油道，保持活塞两侧的压力平衡，从而保持现在的气门正时状态，由此得到理想的配气正时。

项目四
冷却系统检修

冷却系统的作用是保证发动机可以迅速达到理想的工作温度,并且无论环境和工作条件如何变化,始终保持在这一温度范围。长期使用后,冷却系统的技术状态会发生变化,可能会出现发动机过热、过冷或冷却液渗漏等故障。出现这些故障时会影响发动机的燃烧过程,导致发动机功率下降,燃油消耗增加。一旦发现冷却液温度异常应及时排除,否则,会影响发动机正常运转,甚至会造成发动机严重损坏。

 学习目标

知识目标
➡ 了解冷却系统的分类及各类型的结构特点。
➡ 掌握冷却系统组成、功用及工作原理。
➡ 掌握冷却系统零部件安装位置及冷却液的循环路线。

技能目标
➡ 能够对冷却系统的密封性进行检查。
➡ 能够对节温器进行检修。

项目四 冷却系统检修

- 能够对散热器、水泵进行检修。
- 能够对风扇及风扇控制电路进行检修。
- 能够对冷却系统的典型故障做出正确的诊断与排除。

素养目标

1) 培养勤于学习、善于学习、乐于学习的好习惯。
2) 培养持久创新能力。
3) 培养责任意识和竞争意识。
4) 培养分析和解决问题的能力。

工作任务

工作任务一　节温器及水泵检修
工作任务二　冷却风扇及散热器检修

情景导入

一位客户抱怨他所驾驶的汽车在行驶一定时间后，发动机冷却液温度表指向红色区域。维修人员对发动机冷却系统进行了全面检查。

发动机冷却液温度过高主要是由冷却液缺失、节温器故障、水泵故障及风扇故障等引起的。发动机冷却液温度过高的故障原因分析如图 4-1 所示。

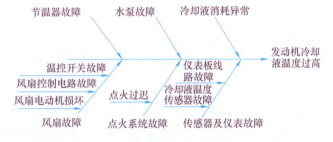

图 4-1　发动机冷却液温度过高的故障原因分析

工作任务一　节温器及水泵检修

任务分析

本工作任务主要学习节温器及水泵的检修，并能够对冷却系统密封性进行检查。节温器的功用是控制通过散热器的冷却液流量，使冷却液在散热器与水套之间进行大循环或小循环，调节冷却强度。节温器损坏、关闭大循环会使发动机温度过高。水泵的功用是对冷却液加压，使冷却液在冷却系统内循环流动，水泵损坏会影响冷却液散热，一旦损坏需更换。通

105

过本任务的学习，学生应能具备汽车动力驱动系统综合分析技术（汽车动力系统检测维修）任务中节温器及水泵检修的职业技能，养成踏实认真、一丝不苟的职业精神。

任务实施的相关专业知识

一、水冷却系统

1. 冷却系统的功用

发动机工作时，气缸内的气体温度可高达 1927~2527℃，若不及时冷却，将造成发动机零部件温度过高，尤其是直接与高温气体接触的零件，会因受热膨胀影响正常的配合间隙，导致运动件运动受阻甚至卡死。此外，高温还会造成发动机零部件的机械强度下降，同时使润滑油失去润滑作用等。

发动机冷却系统的功用是对在高温条件下工作的发动机零部件进行冷却，保证发动机在最适宜的温度下工作。

发动机冷却系统的冷却强度必须适宜，冷却不足会使发动机温度过热，冷却过度则会使发动机温度过低，发动机过热或过低均会影响其正常工作。目前，汽车上广泛应用的水冷式发动机，其正常工作温度（冷却液温度）一般为 80~90℃。

2. 强制循环水冷却系统的基本组成

水冷却系统主要由散热器、百叶窗、冷却风扇、冷却液泵、节温器、冷却液温度传感器、膨胀水箱、循环水路及其他附属装置等组成，如图 4-2 所示。

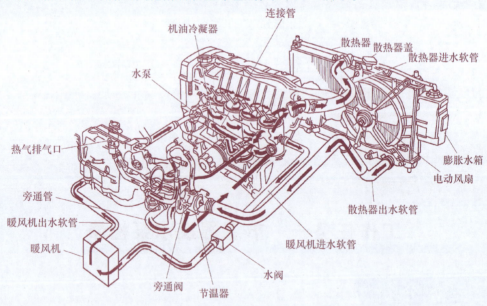

图 4-2 汽车发动机水冷却系统组成（本田轿车）

二、水泵的基本组成、基本原理与构造

1. 水泵的基本组成与基本原理

水泵的基本组成与基本原理如图 4-3 所示。叶轮固定在水泵轴上，水泵壳体安装在发动

机缸体上。发动机工作时,冷却系统内充满冷却液,曲轴通过带传动驱动水泵轴并带动叶轮转动,从而使水泵腔内的冷却液也一起转动,在离心力作用下,冷却液被甩向叶轮边缘,并经与叶轮成切线方向的出水口泵出。同时,叶轮中心部位形成一定的真空,将散热器内的冷却液经进水口吸入泵腔,使整个冷却系统内的冷却液循环流动。

2. 离心式水泵的构造

离心式水泵的构造如图4-4所示,它主要由泵壳、泵盖、叶轮、水泵轴、轴承和水封等组成。

泵壳的前半部分为水泵轴的轴承座孔,后半部分为叶轮工作室,泵壳上设有大循环进水口和小循环水管接头。泵盖和衬垫用螺钉安装在泵壳后面,用来封闭叶轮工作室。在泵盖上设有出水孔,水泵安装后出水孔与位于气缸体水套内的分水管相通。

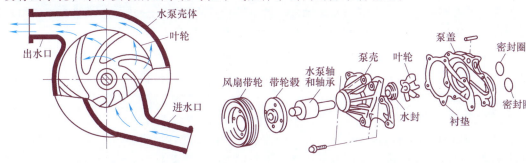

图4-3 水泵的基本组成与基本原理　　图4-4 离心式水泵的构造

水泵轴通过轴承支承在泵壳内。进口汽车发动机装用的水泵,其水泵轴与轴承多数为不可分解的整体结构。国产汽车发动机装用的水泵,其水泵轴一般采用两个球轴承支承,两轴承间用隔套定位。

叶轮通过其中心孔切削平面与水泵轴配合,并用螺钉紧固。水泵轴前端伸出泵壳,带轮毂通过半圆键与水泵轴连接,并用螺母紧固。风扇带轮用螺钉安装在带轮毂上。

3. 水泵的拆装程序和注意事项

水泵的结构比较简单,但进行解体修理时应注意结构上的差别和工艺上的要求。一般水泵的拆装程序和注意事项如下:

1)拆下驱动带,拆下风扇带轮紧固螺母和垫片,用顶拔器拆下风扇带轮和带轮毂,并注意收好半圆键。

2)拆下泵盖固定螺栓,取下泵盖和衬垫。

3)对于叶轮压配在水泵轴上的结构,使用顶拔器从水泵轴上拆下叶轮;对于用螺栓将叶轮紧固在水泵轴上的结构,应先拧下螺栓,再用顶拔器拆下叶轮。

4)采用两个球轴承支承水泵轴的结构,应预先测量轴承定位卡环外径。若卡环外径小于泵壳上的水封座孔,可将叶轮和水泵轴一起从泵盖一侧压出;若卡环外径大于泵壳上的水封座孔,可用顶拔器将叶轮从水泵轴上拆下。采用整体式泵轴和轴承结构,如果轴承中部装有卡环,应从轴承座中间切槽处撑开卡环后再压出泵轴。

5)水泵的装配按与分解相反的顺序进行。装配后,用手转动带轮,应灵活无卡滞现象;用手摇动带轮,泵轴不应有明显的松旷;检查泄水孔应通畅,最后应从滑脂嘴注入适量的指定润滑脂。如果有条件,水泵经过修理后,应在检测台上进行流量检验。

4. 水泵的常见故障与修理

水泵的常见故障是漏水、轴承松旷和泵水量不足。

（1）漏水　泵壳裂纹导致漏水时一般有明显的痕迹，裂纹较轻时可用粘接法修理，裂纹严重时应更换。在水泵正常工作时，水泵壳上的泄水孔不应漏水，如果泄水孔漏水说明水封密封不良，其原因可能是密封面接触不紧密或水封损坏，应分解水泵进行检查，清洁水封密封面或更换水封。水泵泄水孔位置如图4-5所示。

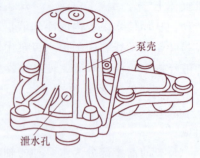

图4-5　水泵泄水孔位置

（2）轴承松旷　在发动机怠速运转时，若水泵轴承有异响或带轮转动不平衡，一般是轴承松旷所致；发动机熄火后，用手扳动带轮进一步检查其松旷量，若有明显松旷，应更换水泵轴承；若水泵轴承有异响，但用手扳动带轮无明显松旷，则可能是水泵轴承润滑不良所致，应从滑脂嘴加注润滑脂。

（3）泵水量不足　水泵泵水量不足一般是因水道堵塞、叶轮与轴滑脱、漏水或传动带打滑，可通过疏通水道、重装叶轮、更换水封、调整风扇和传动带松紧度来排除故障。

三、节温器的构造与维修

1. 节温器的构造

节温器的功用是控制通过散热器的冷却液流量，使冷却液在散热器与水套之间进行大循环或小循环，调节冷却强度，保证发动机在最适宜的温度下工作。

各种汽车发动机装用的节温器基本都是蜡式节温器，有双阀式和单阀式两种，如图4-6所示。节温器的核心部分为石蜡感温体，其结构原理相同。

双阀蜡式节温器的结构如图4-7所示，它主要由主阀门、副阀门、推杆、节温器壳体和石蜡等组成。推杆的一端固定在支架上，另一端插入胶管内。石蜡装在胶管与节温器壳体之间的腔体内。

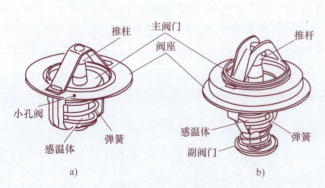

图4-6　蜡式节温器
a）单阀式节温器　b）双阀式节温器

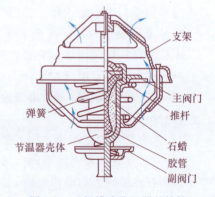

图4-7　双阀蜡式节温器的结构

2. 节温器的工作原理

蜡式节温器的工作原理如图4-8所示。温度较低时石蜡呈固态，主阀门被弹簧推向上方与阀座压紧，主阀门处于关闭状态（图4-8a）；此时，副阀门开启，冷却液进行小循环，来自发动机水套的冷却液经副阀门、小循环管直接进入水泵，被泵回到发动机水套内。温度升高时，石蜡逐渐熔化成液态，其体积膨胀，迫使胶管收缩对推杆端部产生向上的推力，由于

项目四 冷却系统检修

推杆固定在支架上,推杆对胶管、节温器壳体产生向下的反推力。当冷却液温度升高到一定值(一般为80~84℃)时,反推力克服弹簧的弹力使胶管、节温器壳体向下运动,主阀门开始开启,同时副阀门开始关闭。当冷却液温度进一步升高到一定值(一般为86℃)时,主阀门完全开启,而副阀门也正好关闭小循环通路(图4-8b),此时来自发动机水套的冷却液全部经过散热器进行大循环。冷却液温度在主阀门开始开启温度与完全开启温度之间时,主阀门和副阀门均部分开启,在整个冷却系统内,一部分冷却液进行大循环,一部分冷却液进行小循环。

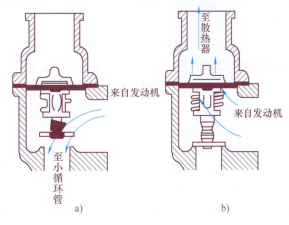

图4-8 蜡式节温器的工作原理
a)小循环 b)大循环

单阀式节温器的工作原理和双阀式节温器的基本相同,只是这种节温器只有控制大循环的主阀门,小循环的旁通管始终处于开启状态,在节温器主阀门全开时,仍然存在部分小循环。为了防止小循环流量过多,其小循环旁通管通常设计得较小。如果节温器出现故障而失灵,主阀门会在弹簧的作用下一直处于关闭状态,使冷却系统只有小循环,导致发动机温度迅速升高而过热。此时应及时更换节温器。

3. 节温器的布置形式

(1)出水口控制式 早期汽车发动机的节温器都是布置在气缸盖出水管路中,称为出水口控制式。出水口控制式的发动机在寒冷天气冷车起动时,节温器主阀门关闭,冷却液进行小循环,发动机迅速暖机,使节温器主阀门开启。在节温器刚打开的一段时间内,流经节温器进入散热器的是发动机水套中的高温冷却液,从而使节温器保持开启状态,如图4-9a所示。此时从散热器内流入发动机的是原来未参加循环的低温冷却液,使水套内的冷却液温度大幅度下降,当这些温度较低的冷却液到达气缸盖出口时,节温器重新关闭。等到冷却液温度再次升高时,节温器阀门再次打开。如果散热器的冷却液温度很低,而且冷却液容量很大,那么这个动态控制时间会比较长,冷却液温度会在比较大的范围内波动。温度的波动会

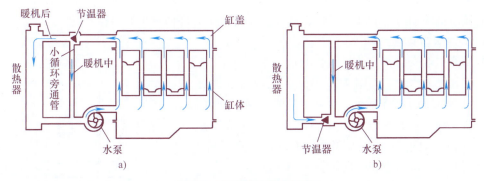

图4-9 节温器的布置形式
a)出水口控制式 b)进水口控制式

109

使发动机冷却液带走更多的热量，造成一定的能量损耗，从而导致油耗升高，有害气体的排放量增加。

这种节温器一般装在发动机气缸盖上的出水口处，感知的冷却液温度是整台发动机缸体里冷却液的温度。它的开启和关闭使缸筒里的冷却液温度变化较大。节温器上排气孔的排气方向是朝出水方向的，更有利于发动机的排气。

（2）进水口控制式　将节温器布置在发动机进水管路中，称为进水口控制式，目前大部分轿车发动机都采用这种布置方式，如图4-9b所示。在进水口处的节温器感知的冷却液温度是节温器周围冷却液的温度，而不是整个发动机气缸体里冷却液的温度。当发动机机体内冷却液温度达到节温器开启温度时，节温器主阀门打开，一定量低温冷却液流经节温器，经过发动机加热，进入大循环散热器中，散热器另一端内的低温冷却液进入节温器，发动机温度下降，节温器探测到发动机温度降低，将主阀门关闭，这样完成第一次开启和关闭。在节温器的这种控制过程中，只有很少的一部分低温冷却液进入发动机机体。因此，冷却液温度控制比较迅速，波动较小。

节温器在进水口的布置更有利于对发动机内冷却液的精确控制。每次进入发动机机体内的低温冷却液的流量相对来说比较少，可以降低发动机机体内冷热冲击的程度。同时，节温器的开口方向与进水方向一致，降低进水波动，使冷却液的流入更加顺畅。

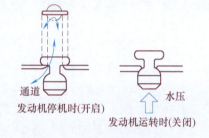

许多节温器的主阀座上有一个旁通阀（也称小孔阀或摆阀），如图4-10所示，其作用是在加注冷却液时让冷却系统中的空气排出。其工作原理是：当发动机停机时，阀芯由于自身重力而将小孔打开，使空气能向上排出；当发动机运转时，由于冷却液流动产生的压力使阀门关闭。对于将这种节温器垂直安装于固定面的发动机，在安装时应使旁通阀位于上方位置，并注意涂抹密封胶时不要将小孔堵住。

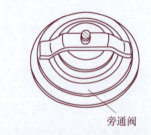

图4-10　节温器上的旁通阀

节温器是冷却系统中用来调节冷却温度的重要机件，它的工作是否正常对发动机工作温度影响很大。如果不安装节温器，会使发动机的暖机时间延长，甚至使发动机达不到正常的工作温度，间接地影响发动机的动力性能和耗油量，因此，使用中不允许任意拆卸节温器。

4. 节温器的检查

节温器一般安装在发动机水套出水口处，拆下节温器后，将其浸入水中，如图4-11所示，逐渐将水加热，检查节温器主阀门开启温度。如果节温器主阀门开启温度不符合要求，或在常温下关闭不严，应更换节温器。标准的阀门开启温度一般为80～84℃。当温度下降到77℃以下时，主阀门应完全关闭。

5. 冷却系统工作循环

（1）小循环　当发动机冷却液温度较低时（如低

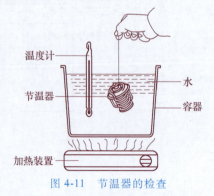

图4-11　节温器的检查

于85℃），节温器主阀门关闭、副阀门打开。冷却液经水泵增压后，流经发动机的机体水套，再从水套壁周围流过并从水套壁吸热而升温，然后向上流入气缸盖水套，从气缸盖水套壁吸热之后流经节温器，从小循环通道流向水泵，最后返回到发动机机体水套，进行小循环（图4-12a）。

（2）大循环　当发动机冷却液温度升高到一定值（如高于105℃）时，节温器主阀门完全开启、副阀门关闭。冷却液经节温器及散热器进水软管流入散热器，在散热器中，冷却液向流过散热器周围的空气散热而降温，最后冷却液经散热器出水软管返回水泵，进行大循环（图4-12b）。

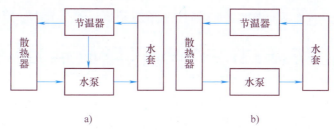

图 4-12　冷却系统工作循环路线
a）小循环　b）大循环

当发动机冷却液温度处于大、小循环的温度范围内（如处于85~105℃）时，节温器主阀门和副阀门都部分开启，冷却液大、小循环同时存在，以调节发动机温度基本稳定。

四、冷却系统常见故障诊断

在汽车使用中，冷却系统常见故障有：冷却液消耗异常、发动机过热、发动机工作温度过低。

1. 冷却液消耗异常

冷却系统是密封的，在正常情况下，不需经常添加冷却液，否则说明有冷却液消耗异常故障。冷却液消耗异常的主要原因是冷却液泄漏。

冷却液消耗异常应先检查有无泄漏痕迹，根据泄漏部位查明原因。如果无外部泄漏痕迹，应检查润滑油中是否有水。若有水，则可能是气缸垫损坏、气缸盖或气缸体有裂纹、气缸盖或气缸体平面的平面度误差过大。

2. 发动机过热

在发动机运行中，若冷却液温度表指针长时间指向高温（90℃以上）范围，并出现冷却液沸腾（俗称"开锅"）现象，即为发动机过热。发动机过热可分为运行中突然过热和经常过热。

（1）突然过热　发动机工作中突然出现过热现象，一般是风扇传动带断裂或风扇电路故障、水泵轴与叶轮脱转和节温器主阀门脱落等造成的。

（2）经常过热　发动机工作中经常出现过热现象，其原因可归纳为两方面：一是冷却系统冷却强度不足，二是发动机传热损失过大。

由冷却系统的组成和各部分的功用不难分析得出导致冷却强度下降的原因：缺少冷却液、风扇传动带打滑、风扇叶片角度调整不当、散热器堵塞或散热片倾倒过多、节温器故障或水泵故障致使冷却液循环不良和水套积垢严重等。发动机过热，应首先对上述可能原因进行排查。

如果发动机过热，但冷却系统无故障，则可能是发动机传热损失过大所致，其原因可能是点火过迟、混合气过稀或过浓、燃烧室积炭过多和润滑油不足等；发动机传热损失过大通常伴有动力不足、油耗大、进气管回火、排气管放炮和爆燃等异常现象，这些异常现象可作为确定故障诊断范围的依据。此外，汽车顺风行驶或高温季节长时间低速大负荷行驶等，也会引起发动机过热。

注意：如果只是冷却液温度表指示温度过高，但发动机无其他异常现象，应检查冷却液温度传感器和冷却液温度表是否有故障。

3．发动机工作温度过低

在汽车行驶中，若冷却液温度表长时间指示在发动机正常工作温度以下，即可判定为发动机工作温度过低。

对一定的发动机而言，不可能因发生故障而导致冷却强度增大或传热损失减少，从而使发动机工作温度过低。发动机工作温度过低通常是自然因素或冷却系统的冷却强度调节装置失效所致。为此，当发动机出现工作温度过低的现象时，应进行如下检查：

1）当环境温度较低时，检查百叶窗是否关闭，是否采取了有效的保温措施。

2）检查风扇控制装置是否失效。如果冷却系统装有风扇离合器或电动风扇，可在发动机工作温度较低时，通过观察风扇的运转状态来确定风扇控制装置是否失效。

3）检查节温器是否正常。在发动机工作温度较低时，通过触试散热器温度来判断冷却液是否进行大循环，以诊断节温器是否正常。

4）如果冷却液温度表指示温度低，但发动机工作中无其他异常现象，应对冷却液温度表和冷却液温度传感器进行检查。

任务实施

一、职业能力点

1）能检查、更换冷却系统的冷却液。

2）能检查、更换节温器、水泵及密封件。

3）能分析冷却液消耗异常、发动机过热、发动机工作温度过低的故障，并确定维修项目。

二、准备工作及注意事项

1）冷却液有毒，应防止接触而中毒。添加冷却液时，应注意正确选择添加剂的比例。

2）发动机过热时不可旋下盖子添加冷却液，以防冷却液喷出烫伤人，而应在冷却后进行。

3）注意电风扇不受点火开关控制，必须在冷机时检查，防止意外转动而伤人。

4）不可使用不符合要求的劣质冷却液，或将各种型号冷却液混用。

三、拆装及检修流程

1．冷却液更换

（1）工作步骤

1）打开冷却液储液罐的密封盖。

2）拆下与散热器相连的软管夹箍。

3）将旧的冷却液盛入收集盘中。

4）连接好冷却液管路。

5）缓慢加入新的冷却液至储液罐上刻线处。

6）密封储液罐，关闭空调，起动发动机至2000r/min，使发动机运转至风扇起动。

7）关闭发动机，重新检查冷却液液位，必要时补充缺少的冷却液。

（2）工具

1）收集盘。

2）常用工具箱。

3）举升架。

4）弹簧夹箍装配工具。

2. 水泵检修

（1）工作步骤

1）检查水泵，查看是否渗漏、叶轮是否松动。

2）更换水泵。

（2）工具

1）检测平台。

2）常用工具箱。

3. 节温器检修

（1）工作步骤

1）拆卸节温器。

2）检查节温器工作情况。当冷却液温度为（87±2）℃时，节温器应开始打开；冷却液温度达（102±3）℃时，节温器阀门升程应不小于7mm。如果检查结果不符合规定，则应更换节温器。

3）在节温器处于较低温度（低于40℃）时，检查阀门是否完全关闭。如果不能完全关闭，则应更换节温器。

4）安装节温器。将新的垫片安装到节温器上，有旁通阀的节温器注意阀的位置，抹密封胶时不要把阀门安装孔堵住。

（2）工具

1）加热装置。

2）温度计。

3）容器。

4）常用工具箱。

4. 检查冷却系统的渗漏

（1）工作步骤

1）打开冷却液储液罐密封盖。

2）将手动真空泵安装到储液罐上。

3）手动真空泵产生约200kPa的压力，如果压力下降，检查泄漏部位。

4）将手动真空泵安装到密封盖上，溢流阀必须在过压140~160kPa时打开。

（2）工具

1）手动真空泵。

2）压力测试仪。

四、工作质量控制

1）检查工作计划中的所有项目，确认所有项目都已认真完成，并在解释的范围内做出全面解释。

2）检查安全、环保方面的工作是否到位。

3）检查是否遵守规定的维修工时。

4）检查车辆、发动机是否干净整洁，护套是否取下，工具是否整理。

5）结合检测结果，指出发动机机械方面的故障。

6）考虑工作计划中的准备工作、检测仪器、工作油液和辅助材料的可使用性是否达到最佳程度，提出合理化建议并在下一次检修时予以考虑。

7）考虑工作任务的完成过程中，是否满足节温器及水泵检修的技能点要求，提出合理化建议，做好记录，并在下一次检测分析时予以考虑。

知识拓展

一、防冻液

发动机中使用的冷却水应该是清洁的软水，如雨水、自来水等。井水、矿泉水等因含有大量的矿物质而被称为硬水，在长期的高温下会生成水垢附在水套内壁，容易造成高温零件散热困难而使发动机过热。

在冬季寒冷地区，往往因冷却水结冰而发生散热器、气缸体和气缸盖变形或胀裂的现象。为了适应冬季行车的需要，可在冷却水中加入一定量的防冻剂，以达到降低冰点、提高沸点的目的。最常见的防冻剂是乙二醇。冷却液中水与乙二醇的比例不同，冰点也不同，其关系见表4-1。

表 4-1 防冻液的冰点与乙二醇比例的关系

冷却液冰点/℃	乙二醇比例(%)	水的比例(%)	密度/(kg/m³)
-10	26.4	73.6	1.034
-203	36.4	63.6	1.051
-30	45.6	54.4	1.063
-40	52.1	47.9	1.071
-50	58.0	42.0	1.078

在优质的防冻液中还常含有水泵润滑剂、防尘剂、防腐剂和酸度中和剂，可降低冷却水对发动机冷却系统中金属零件的腐蚀，减少水垢的生成，延长冷却水的使用周期，从而减少保养维修的工作量，延长发动机的使用寿命。

目前，汽车发动机的冷却系统中使用加入了防冻液的冷却水，通常称其为冷却液。因防冻剂的膨胀系数比水受热时膨胀系数略高，为避免因为膨胀而造成冷却水溢流损失，冷却液不能加得太满。在带有膨胀水箱的冷却系统中，冷却液的液面高度应在膨胀水箱上的液面标记范围内。

二、风冷却系统简介

风冷却系统是利用高速流动的空气直接吹过气缸体和气缸盖外表面，使发动机冷却，以保证适宜的工作温度。

风冷却系统的组成如图4-13所示。为加强冷却效果，在气缸体和气缸盖外表面铸有很多的散热片，以增大散热面积，并采用轴流式风扇增加流经发动机的空气流量和流速。为使发动机各缸冷却均匀，利用导流罩和分流板控制空气的流动方向。

风冷却系统与水冷却系统相比，虽然其结构简单、重量轻、维修方便、起动升温快，但对机体材料的耐热性和传热性要求高，且冷却强度难以调节、工作噪声大，在汽车发动机上应用很少。

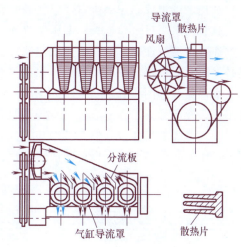

图4-13 风冷却系统的组成

工作任务二 冷却风扇及散热器检修

任务分析

发动机冷却风扇的功用是提高流经散热器的空气流量和流速，以增加冷却强度。冷却风扇及其控制部分出现故障会使发动机温度过高。轿车普遍采用电动冷却风扇，车型不同，其电路也各不相同，维修时必须根据厂家维修手册进行检修。通过本任务的学习，学生应能具备汽车动力驱动系统综合分析技术（汽车动力系统检测维修）任务中冷却风扇及散热器检修的职业技能，养成规范、安全、科学、严谨、精益求精的职业素养。

任务实施的相关专业知识

一、散热器的构造与维修

1. 散热器的构造

散热器的功用是将水套中流出的高温冷却液分成许多股细流，并利用散热片增大散热面积，以使冷却液的温度迅速降低。其一般安装在发动机前的车架横梁上。

冷却液在散热器中的流动方向有些是自上而下竖向流动，有些是自左而右横向流动，其结构和原理相同。图4-14所示为横流式散热器的结构，主要由左储水室、进水管、散热器芯、散热器盖、右储

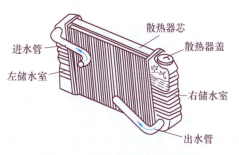

图4-14 横流式散热器的结构

水室和出水管组成。左储水室通过橡胶软管与气缸盖上的水套出水管连接，右储水室则通过橡胶软管与水泵进水口连接，两水室之间焊接有散热器芯。在散热器的顶部设有加水口，以便加注冷却液，在通常情况下用散热器盖封闭加水口。右储水室的底部一般设有放水阀，以便必要时放出散热器内的冷却液。在散热器下面一般垫有减振垫，防止散热器受振动损坏。

散热器有如图 4-15 所示的三种结构，常见的为管片式。散热器芯由许多冷却管和散热片组成，冷却管为扁圆形直管，冷却管两端与两个储水室之间及冷却管与散热片之间均用锡焊焊接。冷却液流经散热器时被冷却管分成许多股细流，并经冷却管上的散热片将热量散发到大气中。散热片不仅可以增加散热面积，而且可以提高散热器芯的刚度和强度。

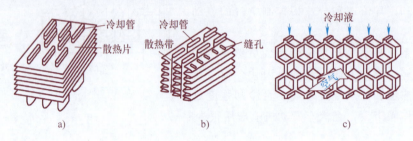

图 4-15　散热器芯的结构
a) 管片式　b) 管带式　c) 板式

为减轻重量、降低成本，目前大部分轿车均采用铝制散热器芯，也有些汽车发动机的散热器芯冷却芯管仍用黄铜制成，而散热片则使用铝锰合金材料制成。

散热器盖上一般设有蒸气阀和空气阀，以便保持冷却系统内部的适当压力，其结构如图 4-16 所示。当散热器内压力升高到一定值（一般为 126~127kPa）时，蒸气阀打开，使部分蒸气排入大气，以免胀坏散热器。当散热器内压力降低到一定值（一般为 87~99kPa）时，空气阀打开，使空气进入散热器，以免大气将散热器压坏。

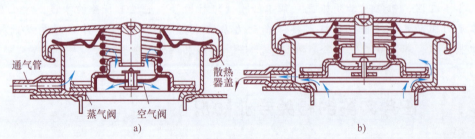

图 4-16　散热器盖的结构
a) 空气阀打开　b) 蒸汽阀打开

为了减少冷却液的损失，保证冷却系统的正常工作，现代汽车发动机水冷却系统中均采用自动补偿封闭式散热器，即在散热器的旁边装有膨胀水箱（储液罐或副水箱）。膨胀水箱建立的封闭系统，使水、气分离，减少空气对冷却系统内部的氧化。同时，检查液面和加注冷却液可以在膨胀水箱上进行，安全方便。

膨胀水箱的作用原理是：当发动机运转中散热器内的蒸气压力过高时，散热器盖内的蒸气阀开启，排出的蒸气和部分冷却液经溢流管流入膨胀水箱；当发动机熄火后冷却液温度下降，使散热器内出现一定的真空度时，散热器盖内的空气阀开启，将膨胀水箱内的冷却液吸入，以保证冷却系统内有充足的冷却液，如图4-17所示。

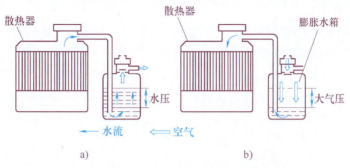

图4-17 膨胀水箱的作用原理
a）散热器内压力上升 b）散热器内压力下降

膨胀水箱多用透明的塑料制成，以便检查液面的高度。膨胀水箱上标有上、下两条液面高度标记线。在使用中应保持膨胀水箱内的液面高度位于两个标记线之间，当冷却液温度在50℃以下时，膨胀水箱内液面高度不应低于下面的标记线。若低于此标记线，需要补充冷却液。补充的冷却液可以从膨胀水箱口加入，添加冷却液后膨胀水箱内液面高度不应超过上面的标记线。

2. 散热器密封性检查

（1）就车检查 用膨胀式橡胶塞堵住散热器的进水管口和出水管口，向散热器内加水至加水口下方10~20mm处。如图4-18所示，用专用手动打压器从加水口向散热器内部施加0.8kPa压力，5min内打压器压力表上的指示压力应不下降，否则说明散热器有泄漏。

（2）水槽检查 拆下散热器后，用膨胀式橡胶塞堵住散热器的进水管口和出水管口，从加水口向散热器内充入30~80kPa的压缩空气，然后将散热器浸入水槽，若有气泡冒出，说明散热器有泄漏。

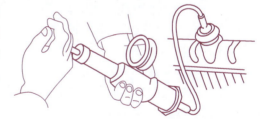

图4-18 散热器的就车检查

3. 散热器芯管堵塞的检查

从加水口向散热器内加入热水，用手触试散热器芯管各处温度，若有温度不升高的部位，说明散热器芯管该部位堵塞。

检查散热器芯管是否堵塞，也可拆下上储水室，使用根据芯管尺寸和断面形状制造的专用通条来进行。所有芯管都不允许有堵塞现象，个别因中部堵塞而确实无法疏通的，允许不超过两根。散热器芯管若存在压扁或通条不能通过的现象，应更换芯管。

4. 散热器盖的检查

使用专用手动打压器给散热器盖加压，当打压器上的压力表读数突然下降时，说明蒸气阀打开。

5. 散热器的修理

散热器常见故障是因机械损伤、化学腐蚀和冷却管堵塞等，导致泄漏、外观变形和散热性能下降。当散热器冷却管有堵塞时，应使用专用通条进行疏通。当散热片有变形或倒伏时，应及时进行整形或扶正。散热器损坏严重时，需更换。

二、风扇的构造与维修

1. 风扇的构造

风扇的功用是提高流经散热器的空气流量和流速,以提高冷却强度,如图4-19所示。

风扇一般安装在散热器与发动机之间,并与水泵同轴。在水冷却系统中,常用风扇的结构及类型如图4-20所示。一般发动机冷却风扇都采用金属钢板冲压而成的叶片,叶片用螺钉固定在连接板上,近年来采用塑料压铸而成的整体式风扇越来越多。风扇一般有4~6片叶片,叶片相对风扇旋转平面有一定的扭转角度(30°~45°),从叶根到叶尖扭转角度逐渐减小,有些风扇叶片的扭转角度是可调的。为减小风扇噪声,各风扇叶片间的夹角不等。

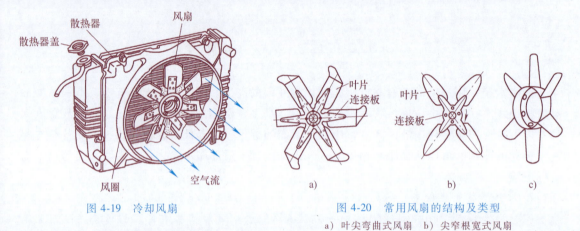

图4-19 冷却风扇

图4-20 常用风扇的结构及类型
a)叶尖弯曲式风扇 b)尖窄根宽式风扇
c)塑料整体式风扇

2. 电动风扇的构造与工作原理

电动风扇是指用电动机驱动的风扇,如图4-21所示。在前置前驱发动机轿车上,由于发动机横置,散热器与曲轴的方向和位置变化,很难利用发动机通过传动带驱动风扇,因此装用电动风扇。

驱动风扇的电动机一般有高速和低速两个档位,其工作状态通过热敏开关由冷却液温度控制。当散热器出口冷却液温度为92~97℃时,热敏开关接通电动机低速档,风扇开始运转,保证有足够的空气流经散热器;当冷却液温度为99~105℃时,热敏开关接通电动机高速档,风扇以更高的转速运转,以提高冷却强度,防止发动机过热。当冷却液温度下降到91~98℃时,电动机恢复低速档运转;当冷却液温度下降到84~91℃时,风扇电动机停止工作。

3. 电动风扇的检查

电动冷却风扇是由冷却液温度作用的温控开关(热敏开关)控制的。风扇1档,转速为1600r/min,工作温度为93~98℃,关闭温度为88~93℃;风扇2档(快速),转速为2400r/min,工作温度为105℃,关闭温度为93~98℃。

电动风扇常见故障是风扇电动机或温控开关故障。冷却液温度高于98℃时风扇不转,应先检查熔丝是否熔断。如果熔丝良好,拔下热敏开关插头,如图4-22所示。将拔下的插头两端子直接接通,此时若风扇仍不转,表明电动冷却风扇损坏,应予以更换;若两端子接通后风扇转动,表明热敏开关损坏,应更换热敏开关(热敏开关应以25N·m的力矩拧紧)。

项目四 冷却系统检修

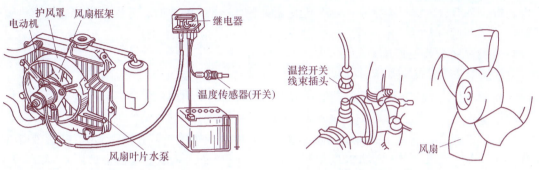

图 4-21 电动风扇　　　　　　　　图 4-22 温控开关线束插头的拆卸

电动风扇控制电路如图 4-23 所示。

进一步检查风扇电动机可按图 4-24 所示，在电路中串联万用表检查风扇电动机的工作电流，如果风扇能够平稳运转且工作电流在 5~8A，说明风扇电动机良好。

就车检查温控开关时，首先使发动机运转，直到冷却液温度达到风扇电动机开始工作的最低温度（约 90℃）以上。此时，拆下温控开关线束插头，用万用表检查温控开关线束插头与搭铁之间的导通情况，如图 4-25 所示，正常应导通；然后拆下散热器盖，用温度计直接测量散热器内的冷却液温度。当冷却液温度下降到 83℃ 以下时，温控开关线束插头与搭铁之间应不导通。若不符合上述要求，说明温控开关不良，应予以更换。

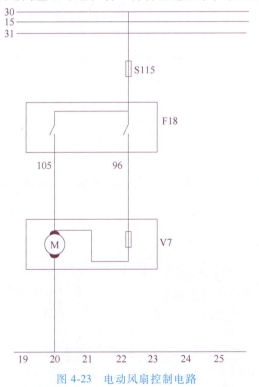

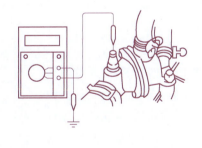

图 4-24 风扇电动机的检查

图 4-23 电动风扇控制电路　　　　图 4-25 风扇温控开关的检查

温控开关也可拆下来检查，如图 4-26 所示。将热敏开关拆下并放入水中，然后逐渐加热并用万用表电阻档测量热敏开关接线端与外壳间的电阻。当冷却液温度达到 93~98℃ 时，

119

万用表指针应指示热敏开关导通；当冷却液温度下降至88~93℃时，万用表指针应指示热敏开关断开（电阻为无穷大）。否则，表明热敏开关损坏，应更换新件。

4. 电控风扇的构造与维修

电控风扇与电动风扇都由电动机驱动，不同的是在电控风扇系统中，由ECU根据冷却液温度和空调开关信号，通过风扇继电器来控制风扇电动机电路的通断，以实现对风扇工作状态的控制。

风扇控制系统电路（北京切诺基轿车4.0L发动机）如图4-27所示。ECU控制风扇继电器线圈的搭铁回路，当发动机温度低于98℃时，ECU断开风扇继电器搭铁回路，冷却风扇不工作；当发动机温度高于103℃时，ECU接通风扇继电器搭铁回路，冷却风扇工作。如果选择空调，ECU接到空调开关信号后，不管发动机温度高低，ECU都接通风扇继电器搭铁回路，使散热器风扇工作。

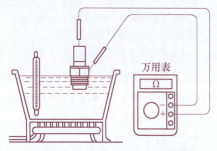

图4-26 温控开关的拆下检查

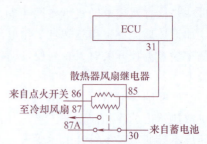

图4-27 北京切诺基轿车4.0L发动机风扇控制系统电路

冷却风扇控制系统发生故障时，应主要对电源电路、风扇电动机及其电路、风扇继电器线圈电阻及继电器电路进行检查。

三、百叶窗的构造与维修

百叶窗的功用是改变吹过散热器的空气流量，从而控制冷却强度。

百叶窗安装在散热器前面，由许多片活动挡板组成。挡板垂直或水平安装，由驾驶人通过装在驾驶室内的手柄来操纵调节挡板的开度。当发动机工作温度过低时，驾驶人可将百叶窗的开度关小或完全关闭，以减少流经散热器的空气量，可以起到保温的作用，使发动机温度回升。

百叶窗一般不易发生故障，若操纵机构运动不灵活，可对操纵机构进行润滑。

图4-28是货车上使用的散热器百叶窗的自动控制系统。控制系统的感温器安装在散热器进水管上，用来感受来自发动机的冷却液温度。在发动机冷起动或暖机期间，百叶窗关闭。当发动机达到正常工作温度后，感温器打开空气阀，使制动空气压缩机

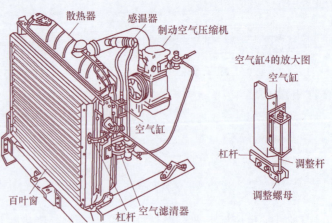

图4-28 散热器百叶窗的自动控制系统

产生的压缩空气进入空气缸，并推动空气缸内的活塞连同调整杆一起下降，带动杠杆使百叶窗开启。

任务实施

一、职业能力点
1) 能检查、更换水管、储液罐、散热器、冷却风扇。
2) 能检测冷却风扇及控制电路，确认维修项目。

二、准备工作及注意事项
1) 检查散热器密封性时应注意操作安全、避免烫伤。
2) 更换散热器应在发动机冷态下进行。
3) 检测风扇控制电路后应将其恢复至正常。

三、拆装及检修流程

1. 散热器密封性检查

（1）工作步骤

1) 将发动机热机，打开膨胀水箱。在打开膨胀水箱时可能会有蒸汽喷出，在膨胀水箱盖子上包上抹布后小心地拧开。
2) 将压力测试仪安装到膨胀水箱上，检查冷却系统有无泄漏。
3) 使用手动泵产生约 0.2MPa 的压力（表压）。
4) 如果压力迅速下降，则找出泄漏的位置并排除故障。

（2）工具

1) 冷却系统压力测试仪（手动泵）。
2) 转换接头。
3) 常用工具箱。

2. 散热器盖功能检查

（1）工作步骤

1) 将散热器盖套在手动真空泵上。
2) 使用手动真空泵使压力上升到约 0.15MPa。在 0.12~0.15MPa 时，限压阀必须打开；大于 -0.01MPa（绝对压力 0.09MPa）时，真空阀应打开，如图 4-29 所示。

（2）工具

1) 转换接头。
2) 手动真空泵。
3) 常用工具箱。

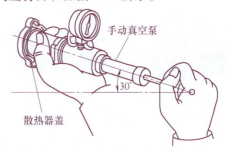

图 4-29　散热器盖工作状况检查

3. 散热器的清洗

（1）工作步骤

1) 将散热器拆下，用清水冲洗，用压缩空气吹干。
2) 将散热器置于含有苛性钠的水容器内，加热并保持在 80~90℃，散热器浸泡 30min 后取出并用水清洗。
3) 将压力水（3~4 个大气压）从散热器的出水口导入，同时加入压缩空气，让水和压缩空气从散热器的进水口流出。

(2) 工具

1) 空气压缩机。

2) 冲洗枪。

4. 风扇及控制电路检查

(1) 工作步骤

1) 检查电动风扇在低温（低于83℃）下的运转情况。将点火开关旋于ON位置，检查电动风扇是否停止转动（此时风扇电动机应不工作）。

2) 起动发动机，待冷却液温度升高到93℃以上时，检查电动风扇是否正常运转（此时应运转）。

3) 如果风扇不工作，检查熔丝及温控开关。冷却液温度高于93℃时，低速控制温控开关两端子间应导通；温度高于105℃时，高速控制温控开关两端子间应导通。

4) 检查风扇电动机。将蓄电池和电流表与风扇电动机导线插头相接，检查电动风扇是否平滑转动，并检查电流表读数。如果低于标准值，应检查蓄电池电压。

(2) 工具

1) 常用工具箱。

2) 万用表。

3) 连接导线。

四、工作质量控制

1) 检查工作计划中的所有项目，确认所有项目都已认真完成，并在解释的范围内做出全面解释。

2) 检查安全、环保方面的工作是否到位。

3) 检查是否遵守规定的维修工时。

4) 检查车辆、发动机是否干净整洁，护套是否取下，工具是否整理。

5) 结合检测结果，指出发动机机械方面的故障。

6) 考虑工作计划中的准备工作，检测仪器、工作油液和辅助材料的可使用性是否达到最佳程度，提出合理化建议并在下一次检修时予以考虑。

7) 考虑工作任务的完成过程中，是否满足冷却风扇及散热器检修的技能点要求，提出合理化建议，做好记录，并在下一次检测分析时予以考虑。

知识拓展1

硅油风扇离合器

1. 硅油风扇离合器工作原理

有些车辆，尤其是大型车辆，冷却风扇的控制普遍采用硅油风扇离合器。冷却风扇安装在硅油风扇离合器上，离合器上装有带轮，由曲轴直接驱动。硅油风扇离合器利用散热器后面空气的温度，通过感温器自动控制风扇离合器的分离和接合。温度低时，硅油不流动，风扇离合器分离，风扇转速减慢，基本上是空转。温度高时，硅油的黏度使风扇离合器接合，于是风扇和水泵轴一起旋转，起到调节发动机温度的作用。

硅油风扇离合器安装在风扇带轮和风扇叶片之间，如图 4-30 所示，它利用硅油高黏度的特性，将带轮的动力传给风扇叶片。硅油风扇离合器前端盖上有一双金属卷簧，能根据散热器后面空气温度的变化产生扭转，通过阀片轴转动离合器内部的阀片，控制进入工作腔的硅油量，从而控制离合器的接合与分离。

当发动机温度较低时，双金属卷簧带动阀片关闭进油孔，使风扇离合器处于半分离状态，这时风扇随同离合器壳体一起在主动轴上空转打滑，转速很低。当发动机温度升高后，双金属卷簧使阀片轴转动，打开进油孔，硅油便流入主动板与从动板之间的工作腔，使离合器的接合力随温度的升高而逐渐加大，风扇叶片的打滑程度逐渐减小，转速得到提高，以满足发动机增强冷却的需要。空气温度越高，进油孔

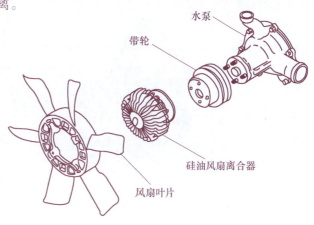

图 4-30　硅油风扇离合器

开度越大，风扇转速就越快。当流经散热器的空气温度下降时，双金属卷簧恢复原状，阀片关闭进油孔，在离心力的作用下，硅油经回油孔从工作腔返回储油腔，离合器分离，风扇空转，转速减慢。

2. 硅油风扇离合器检查

（1）冷车状态下对硅油风扇离合器的检查　当发动机达到工作温度（80～90℃）后停车时，风扇工作腔内仍充满硅油，因此风扇的主、从动盘之间有一定相对稳定的摩擦阻力。当汽车过夜或经过相当时间的冷却后，主、从动盘之间仍留有剩余硅油，如果这时用手拨动风扇应该是较费力的。这时可起动发动机运转 1～2min，让主、从动盘之间的剩余硅油流回储油室，待停机后，用手拨动风扇应该是很轻松的。这说明该车的硅油风扇离合器工作正常、无故障。

（2）热车状态下对硅油风扇离合器的检查　在发动机工作温度达到 90℃ 左右时，观察冷却风扇转动应趋于正常。当在 90℃ 时关闭发动机，用手拨动风扇时，应有较大的阻力，几乎拨不动为合适，否则说明硅油风扇离合器有故障。

知识拓展2

智能型发动机热量管理系统

传统冷却系统的温度控制主要是通过节温器和电动风扇来实现的，虽然电动风扇可以实现转速调节来控制冷却气流，但是节温器的开启由发动机冷却液的温度决定，属于机械控制部件。传统冷却系统已经不能够满足发动机对排放及功率损耗的要求，因此现在许多发动机上采用了智能型发动机热量管理系统对发动机冷却系统进行控制。

1. 热量管理系统的主要组成

与传统冷却系统相比，热量管理系统除增加了控制系统外，主要增加了特性曲线式节温

器和电动水泵。

（1）特性曲线式节温器　由于智能型热量管理系统根据发动机温度调节耗油量、污染物排放量、动力性和舒适性，因此针对该系统研发了特性曲线式节温器，如图4-31所示。

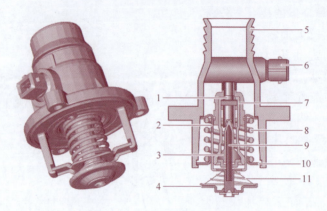

图4-31　特性曲线式节温器

1—加热电阻　2—主阀　3—橡胶嵌入件　4—旁通阀　5—壳体　6—插头　7—工作元件壳体
8—主弹簧　9—工作活塞　10—横杆　11—旁通弹簧

特性曲线式节温器成功集成了现代发动机管理系统的电子装置，即在工作元件的膨胀材料内安装了一个电热式加热电阻。这样，膨胀材料就不再仅仅通过流经的冷却液来加热，而是可以通过"人工方式"加热并在以前不会做出响应的温度下启用。

特性曲线式节温器采用整体式结构设计，即节温器和节温器盖板为一个部件。发动机管理系统根据存储的特性曲线和实际行驶状况控制加热元件，如图4-32所示。

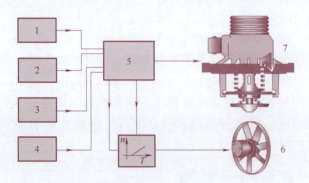

图4-32　特性曲线式节温器控制原理

1—空气温度特性曲线　2—负荷特性曲线　3—车速特性曲线　4—冷却液温度特性曲线　5—逻辑部件
6—电动风扇　7—特性曲线节温器

通过这种"智能型"控制方式可以在发动机部分负荷范围内设置较高的冷却液温度。部分范围内的运行温度较高时，可达到更好的燃烧效果（配置了相应的发动机管理系统），从而降低耗油量和尾气排放量。发动机满负荷运行时，较高的运行温度会带来不利影响（例如因爆燃趋势造成点火延迟）。因此，发动机满负荷运行时需要通过特性曲线式节温器有效降低冷却液温度。

（2）电动水泵　采用热量管理系统的前提是冷却循环回路的有效部件（如水泵、节温器和风扇）可通过电动方式进行调节，因此开发了电动水泵，这种水泵可确保热量管理系统要求的冷却液流量不受当前发动机转速的影响。电动水泵必须满足运行安全性较高、结构体积较小、功率消耗较小（约200W）、无泄漏、实现最小体积流量和能够承受较高的环境温度等要求，一般选用带有EC电动机（电子整流）和集成式电子装置且根据湿转子原理工作的电动水泵。泵内集成的电子装置执行两个基本任务：一是调节并提供电压和电流，从而使EC电动机和冷却液泵运转；二是按照发动机管理系统的要求，以调节泵转速并向发动机管理系统反馈相关信息的方式调节冷却液流量。电动水泵的结构如图4-33所示，采用了非常紧凑且减轻重量的结构方式，且效率比传统机械式水泵高得多。

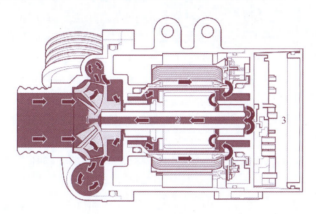

图4-33　电动水泵的结构

1—水泵叶轮　2—管道密封电机　3—电子装置

1）水泵叶轮。由于车载网络提供的电功率有限，因此设计所需液压功率的水泵时选择了可以确保效率较高的转速。为了在效率较高的同时显著改善耐气蚀性，在叶轮上采用了非常复杂的3D叶片结构。

2）管道密封式电动机。根据使用寿命较长、结构体积较小、重量较轻且符合湿转子原理的要求，电动水泵需采用"无电刷电动机"方案，因此选择了EC电动机。这种电动机的工作原理是可以通过使用功率密度较高的磁铁达到较高效率。由于没有端面密封及其产生的摩擦力矩，湿转子电动机可以在很低的转速（n_{min} = 18r/min）下运行。由此得到的最小冷却液体积流量大约为28L/h。这样可以大大缩短冷起动后内燃机的暖机阶段，从而降低耗油量和尾气排放量。

3）电子装置。电动水泵通过一个集成在泵内的专用电子装置进行调节。调节水泵转速时不使用传感器（即不进行监控）。电动水泵的安装位置离发动机很近，因此会承受相对较高的温度（最高至150℃）。为了确保水泵有较长的使用寿命和较高的可靠性，其电子模块采用了高温技术。这种电子装置采用组合式结构，由一个带有高导电性铜导轨的供电部件和一个采用厚膜技术的控制部件组成。

2. 发动机热量管理系统模式及优点

（1）发动机热量管理系统模式　发动机控制单元根据需要控制水泵，当冷却需求较低且车外温度较低时功率较小，当冷却需求较高且车外温度较高时功率较大。热量管理系统确定当前冷却需求并相应调节冷却系统，在某些情况下甚至可以完全关闭冷却液泵，如在暖机阶段让冷却液迅速加热时。在发动机停止运转且温度较高或冷却废气涡轮增压器时，水泵在发动机静止状态下仍可继续输送冷却液。除特性曲线式节温器外，热量管理系统能根据不同特性曲线控制水泵。因此发动机管理系统可以根据行驶情况调节冷却液温度，分为以下4种模式：

1）109℃：经济模式。

2）106℃：正常模式。

3）95℃：高级模式。

4）80℃：高功率和特性曲线式节温器供电模式。

发动机控制单元根据行驶情况识别到节省能量的"经济"运行范围时，发动机管理系统就会调节到较高温度（109℃），在这个温度范围内发动机以相对较低的燃油需求量运行。温度较高时，发动机内部摩擦减小，温度升高还有助于降低负荷较低情况下的耗油量。处于"高功率和特性曲线式节温器供电"运行模式时，驾驶人希望得到最佳发动机功率，为此需将气缸盖内的温度降至80℃，温度降低可以提高容积效率从而提高发动机转矩。发动机控制单元可根据相应行驶状况调节发动机到特定运行范围，从而能够通过冷却系统影响耗油量和功率。

（2）发动机热量管理系统的优点　与普通发动机冷却系统相比，发动机热量管理系统具有如下优点：

1）发动机耗油量低，功率损失小。部件冷却与转速无关，根据需要调节冷却液泵功率，避免功率损失，由于冷却液未进行循环，因此可以更快暖机。

2）发动机污染物排放量更小。

3）发动机舒适性更高。

项目五
润滑系统检修

当发动机工作时，必须保持正常油压。如果在没有适当润滑条件下使发动机运转几分钟，曲轴轴承和气缸壁可能会被严重划伤，各摩擦表面会因得不到足够的润滑而磨损加快，甚至会造成发动机报废。因此，如果机油压力警告灯或油压表显示润滑油压力过低时，不应该起动发动机，需要对润滑系统进行检查，确定故障部位，并进行维修。

 **学习目标**

知识目标
- 了解润滑系统的功用与组成。
- 掌握润滑系统零部件安装位置及循环路线。
- 掌握润滑系统主要零部件的结构及工作原理。

技能目标
- 能够对润滑油压力及机油压力开关进行检测。
- 能够更换润滑油及机油滤清器。
- 能够对机油泵进行检修。

汽车发动机机械系统检测与修复 第3版

➤ 能够对润滑系统的典型故障做出正确的诊断及排除。

素养目标

1) 培养敬岗爱业、忠于职守的职业态度。
2) 培养耐心、执着、坚持、勇于解决复杂问题的职业精神。
3) 培养独立思考、合作探究精神。

 工作任务

工作任务一　润滑油压力检测
工作任务二　机油泵检修

情景导入

一位客户抱怨他所驾驶的轿车机油灯总是闪烁不停。维修技师在询问了该客户一些基本情况后，对发动机润滑系统进行了全面检查，确定为润滑系统有故障。

发动机润滑油压力异常主要是由机油泵故障、润滑油消耗异常、机油滤清器堵塞、曲轴轴承间隙过大等原因引起的。要解决润滑油压力异常的问题需要2个工作任务，包括润滑油压力检测和机油泵检修。润滑油压力异常的故障原因分析如图5-1所示。

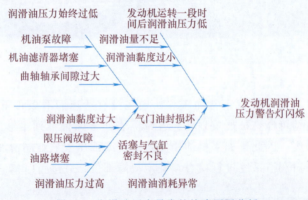

图5-1　润滑油压力异常的故障原因分析

工作任务一　润滑油压力检测

任务分析

润滑油压力检测可准确反映出发动机润滑油压力的真实情况，对判断润滑系统故障部位起到至关重要的作用。机油压力警告灯闪烁或机油压力表显示润滑油压力低时，应先检查发动机润滑油液面高度。若润滑油液面高度正常且润滑油没有变质，应检查润滑油压力是否正

项目五 润滑系统检修

常。通过本任务的学习，学生应能具备汽车动力驱动系统综合分析技术（汽车动力系统检测维修）任务中润滑油压力检测的职业技能，养成规范、安全、科学、严谨、精益求精的职业素养。

任务实施的相关专业知识

一、润滑系统

1. 润滑系统的作用

（1）润滑作用　润滑油在运动零件的所有摩擦表面之间形成连续的油膜，以减小零件之间的摩擦阻力和磨损，减小发动机的功率损耗。

（2）冷却作用　润滑油在循环过程中流过零件工作表面，可以降低零件的温度，起冷却作用。

（3）清洗作用　润滑油在润滑系统内不断循环，可以带走摩擦表面产生的金属碎末及冲洗掉沉积在气缸、活塞、活塞环及其他零件上的积炭。

（4）密封作用　附着在气缸壁、活塞及活塞环上的油膜，可起到密封作用，有利于防止气缸漏气。

（5）防锈作用　润滑油有防止零件发生锈蚀的作用。

此外，润滑油还可用作液压油，起液压作用，如作为液力挺柱、可变配气正时控制机构的工作介质。

2. 润滑方式

（1）压力润滑　以一定的压力把润滑油供入摩擦表面的润滑方式；润滑可靠，但结构较为复杂，主要用于曲轴主轴承、连杆轴承及凸轮轴轴承等负荷较大的摩擦表面的润滑。

（2）飞溅润滑　利用发动机工作时运转零件撞击润滑油溅起来的油滴或油雾润滑摩擦表面的润滑方式。该方式结构简单，但可靠性较差，主要用于润滑负荷较轻的气缸壁面和配气机构的凸轮、挺杆、气门杆和摇臂等零件的工作表面。

（3）润滑脂润滑　通过定期加注润滑脂来润滑零件工作表面的润滑方式，主要用于水泵及发电机轴承等。

3. 润滑系统的基本组成

汽油机润滑系统一般由机油泵、机油集滤器、机油滤清器、限压阀和机油道等组成，如图5-2所示。有些汽油发动机润滑系统还设有机油冷却器。

（1）油底壳　油底壳的主要功用是储存

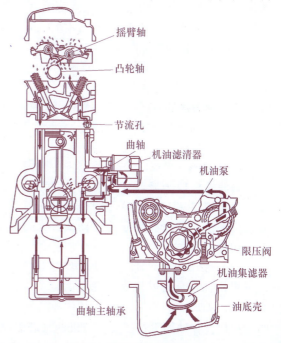

图 5-2　润滑系统总体组成

润滑油。

（2）机油泵　机油泵的主要功用是建立润滑油循环所必需的油压。

（3）油道　油道的主要功用是将机油泵输出的压力润滑油输送到各零部件的摩擦表面。油道可在气缸体与气缸盖上直接铸出或加工在一些零件内部，分为主油道和分油道。主油道一般是指铸造在气缸体侧壁内、沿发动机纵向布置的油道，其他油道均为分油道。

（4）滤清器　滤清器的主要功用是滤除润滑油中的杂质。根据能够滤除的杂质直径不同，滤清器可分为集滤器、粗滤器和细滤器。

（5）限压阀　限压阀的主要功用是控制润滑油压力。

（6）机油压力传感器和机油压力表　机油压力传感器和机油压力表的主要功用是检测并通过仪表显示润滑油压力。

上海桑塔纳轿车JV型发动机润滑系统如图5-3所示，其主要特点是：采用齿轮式机油泵和单级、整体、全流式机油滤清器，机油泵由中间轴驱动，润滑系统内设有高、低两个机油压力报警开关（即机油压力传感器）。

低压报警开关安装在气缸盖后端，高压报警开关安装在机油滤清器支座上。打开点火开关后，仪表盘上的机油压力警告灯即开始闪烁。起动发动机后，若润滑油压力高于30kPa，低压报警开关触点断开，机油压力警告灯自动熄灭；当发动机工作转速较低时，若润滑油压力低于30kPa，低压报警开关触点闭合，机油压力警告灯闪烁；当发动机转速超过2150r/min时，若润滑油压力低于180kPa，高压报警开关触点断开，机油压力警告灯闪烁，同时蜂鸣器报警。当机油压力警告灯闪烁或蜂鸣器报警时，说明润滑油压力低于标准，润滑系统有故障，此时应停机检查。

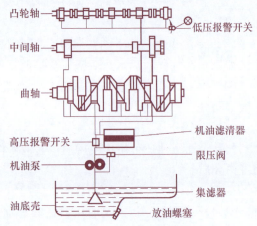

图5-3　上海桑塔纳轿车JV型发动机润滑系统

当润滑油温度为80℃时，正常的润滑油压力：当转速为800r/min时，润滑油压力应不低于30kPa；当转速为2000r/min时，润滑油压力应不低于200kPa。

二、润滑油路

常见润滑油路如图5-4所示。

三、机油滤清器的构造与维修

1. 集滤器

集滤器一般为滤网式，安装在机油泵的吸油口端，防止较大的杂质被吸入机油泵。集滤器可分为浮动式和固定式两种。

（1）浮动式集滤器　浮动式集滤器主要由浮子、滤网、罩、管和固定管组成，如图5-5所示。浮子是中空

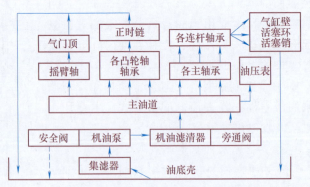

图5-4　发动机润滑油路示意图

的，可以浮在油面上；固定管与机油泵进油口连接，管与固定管活动连接，使浮子能自由地随油面高低而升降；浮子下面装有金属丝滤网，滤网具有弹性，中间开有环口，并压在罩

项目五 润滑系统检修

上；罩与浮子压合后，边缘有缝隙，以便进油。

当机油泵工作时，润滑油从罩的边缘被吸入，经过滤网滤除较大的杂质后进入机油泵（图5-5a）。若滤网堵塞时，滤网上部产生真空，从而克服滤网弹性将滤网吸起，滤网上的环口离开罩，润滑油便不经过滤网而从环口直接被吸入机油泵（图5-5b），这样可保证润滑油不致中断。

在使用中，主要应检查浮动式集滤器的浮子是否有变形或破漏，集滤器安装到油泵上后上下摆动是否灵活。浮子有破漏时，可进行焊修。

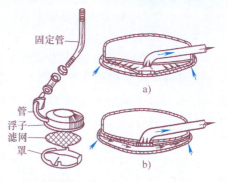

图5-5 浮动式集滤器的组成
a）润滑油经过滤网 b）润滑油不经过滤网

（2）固定式集滤器 固定式集滤器主要由吸油管、滤网和罩组成，如图5-6所示。吸油管上端用螺栓与机油泵连接，下端与滤网支座连成一体；罩利用翻边安装在滤网支座外缘凸台上，滤网夹装在支座与罩之间；罩的边缘有4个缺口，形成进油通道。当机油泵工作时，润滑油从罩的缺口处经过滤网滤除较大的杂质后，通过吸油管进入机油泵。

在固定式集滤器使用中，应主要检查吸油管与机油泵连接处的衬垫，若有损伤必须更换，否则，会因漏气而导致润滑油压力下降。此外，如果发现滤网堵塞，应及时清洁滤网。

2. 机油滤清器（包括粗滤器和细滤器）

机油滤清器用来滤除润滑油中的金属屑、机械杂质和润滑油氧化物。

图5-6 固定式集滤器的组成

机油滤清器若串联安装在机油泵与主油道之间，所有润滑油经过滤清器过滤，该滤清器称为全流式滤清器，如图5-7a所示。目前，在轿车发动机上普遍采用全流式滤清器。若滤清器与主油道并联安装，只有一部分润滑油经过滤清器过滤，该滤清器称为分流式滤清器，如图5-7b所示。有的发动机两种滤清器都有（如重型货车发动机）。全流式滤清器作为粗滤器，滤除润滑油中直径为0.05mm以上的较大杂质后，再进入主油道，润滑各运动零件表面；分流式滤清器作为细滤器，滤除润滑油中直径为0.001mm以上的细小杂质后，再返回油底壳。

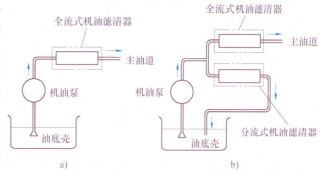

图5-7 机油滤清器的布置方式
a）全流式机油滤清器 b）分流式机油滤清器

轿车上普遍采用一次性纸质全流式滤清器，如图5-8所示，并且一般都采用整体式滤清器，即将滤芯与外壳制成一个不可拆卸的整体。滤清器壳体用薄钢板冲压而成，壳体内装有带金属骨架的纸质滤芯，滤芯下部设有旁通阀，来自机油泵的润滑油从滤芯外围进入滤清器中心，过滤后的干净润滑油经出油口进入主油道。

纸质全流式机油滤清器不需维护，在使用中应定期更换，保养时随润滑油同时更换，这种滤清器不能重复使用。发动机不同、所添加的润滑油类型不同，更换周期也不同，一般汽车每

131

行驶 5000~15000km 需进行更换。

桑塔纳轿车发动机机油滤清器（图 5-9）的粗滤和细滤集为一体，即尼龙滤芯与褶纸滤芯串联在同一壳体内，滤清器出油口是螺纹孔，借此螺纹孔把滤清器安装在机体上的螺纹接头上，螺纹接头与机体的主油道相通。在机体安装平面与滤清器之间用密封圈密封。其工作原理如图 5-10 所示，润滑油从滤清器盖周边的进油口进入滤清器内，从外向内流过褶纸滤芯和尼龙滤芯，过滤后进入滤清器中心油腔，当润滑油压力大于单向阀的弹簧力时，推开单向阀，经出油口流进机体主油道。单向阀的作用是当发动机停止工作时，将滤清器的进油口关闭，以防止润滑油从滤清器流回油底壳，维持发动机油道内有足够的润滑油，以利于下次起动。滤清器还设有旁通阀，当滤芯被堵塞时，润滑油压力增大，使旁通阀打开，润滑油绕过滤芯直达中心油腔向油泵供油，防止了发动机缺油的危险。

图 5-8 纸质全流式滤清器

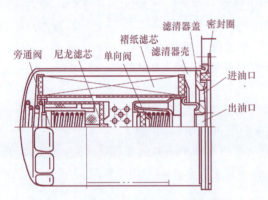

图 5-9 桑塔纳轿车发动机机油滤清器

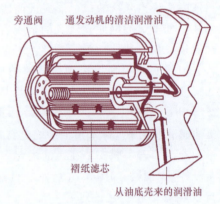

图 5-10 桑塔纳轿车发动机机油滤清器工作原理

机油滤清器的滤芯有褶纸滤芯（图 5-11）和纤维滤清材料滤芯等。褶纸滤芯由微孔滤纸经酚醛树脂处理后，叠成折扇形或波纹形，围在冲有许多小孔的薄壁芯筒外，滤纸和盖板之间用胶粘合在一起。褶纸滤芯具有质量小、体积小、结构简单、滤清效果好、阻力小和成本低的优点，因此得到广泛的应用。为了提高褶纸滤芯的过滤性能，不少轿车发动机机油滤清器采用双网孔纸质滤芯，如图 5-12 所示，其润滑油流入的一面为网孔直径较大的粗层面，润滑油流出的一面为网孔直径较小的细层面。该种滤芯对润滑油流动阻力小，且不易阻塞。

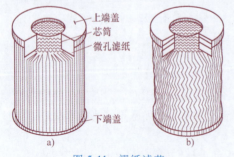

图 5-11 褶纸滤芯
a）折扇形 b）波纹形

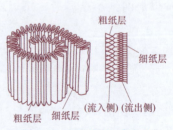

图 5-12 双网孔纸质滤芯

项目五　润滑系统检修

为了发挥各种滤芯材料及结构的特点，通常将不同过滤材料或不同结构的滤芯安装在一个总成壳体内，组成双级复合式机油滤清器，其内装有粗滤与细滤两个滤芯（即为复合式），如图5-13所示。

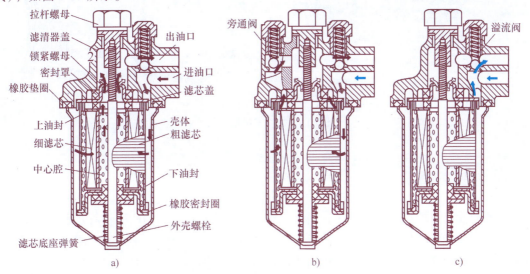

图5-13　双级复合式机油滤清器
a）工作时　b）细滤芯堵塞时　c）粗滤芯堵塞时

双级复合式机油滤清器可分为可拆式和整体式两种。可拆式双级复合机油滤清器一般采用金属丝制成的粗滤芯，细滤芯则采用纸质滤芯，其结构原理和维护与前述机油粗滤器类似；整体式双级复合机油滤清器的粗、细滤芯均采用纸质滤芯，其结构原理和维护与前述单级整体式机油滤清器类似。

四、机油散热器

当发动机工作时，润滑油在发动机机体内循环，温度可达95℃，尤其是高性能大功率发动机。正常的发动机润滑油温度在70~90℃之间，过高的润滑油温度会使其黏度下降，迅速丧失润滑性能。因此，在一些热负荷较大的发动机上，除利用油底壳对发动机润滑油散热外，还专门设有机油散热器。

机油散热器进油管路中一般都设有手动开关阀和限压阀，用来控制机油散热器的主油路。当环境温度较低时，应关闭手动开关阀，使润滑油不流经散热器进行循环。限压阀可在油压较低时自动关闭散热器油路。机油散热器有空冷式和水冷式两种。

空冷式机油散热器如图5-14所示，一般安装在发动机前方并与主油道并联，利用空气流经散热器时带走热量，使散热器内的润滑油得到冷却，其结构原理与冷却系统散热器基本相同。

水冷式机油散热器外形尺寸小，布置方便，且不会使润滑油冷却过度，润滑油温度较稳定，因而在轿车上得到了广泛的应用。如图5-15所示，水冷式机油散热器一般安装在发动机一侧，串联在主油道之前，润滑油经滤清器滤清后直接进入散热器，在散热器芯内流动，从冷却系统散热器出水管引来的冷却液在散热器芯外流过，对散热器内的润滑油进行冷却。

机油散热器的检查和维修方法与冷却系统散热器基本相同。

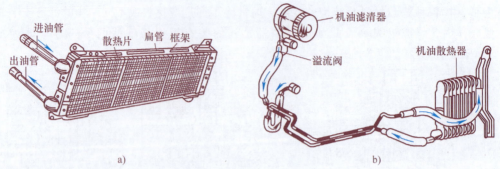

图 5-14 空冷式机油散热器
a) 空冷式机油散热器结构 b) 空冷式机油散热器油路

五、曲轴箱通风

发动机工作时，一部分可燃混合气和废气会经活塞环泄漏到曲轴箱内，其中的汽油蒸气凝结后将使润滑油变稀，性能变坏；同时，废气的高温和废气中的酸性物质及水蒸气将侵蚀零件，破坏润滑油的供给；另外，由于混合气和废气进入曲轴箱，使曲轴箱内的压力增大，温度升高，易使润滑油从油封、衬垫等部件处向外渗漏而流失。同时，曲轴箱窜气直接排入大气，将导致 CO、HC 等排放污染物的增加。为此，一般汽车发动机都装有曲轴箱通风装置，以便及时将进入曲轴箱的混合气和废气抽出，使新鲜气体进入曲轴箱，不断地形成对流。曲轴箱通风装置有自然通风和强制通风两种方式。

1. 自然通风装置

利用汽车行驶时产生的气流及冷却风扇的气流作用在通风管处的真空度将曲轴箱内的气体抽出，直接导入大气中的通风方式称为自然通风。如图 5-16 所示，这种方式是在与曲轴箱连通的气门室盖或润滑油加注口接出一根下垂的出气管，管口处切成斜口，切口的方向与汽车行驶的方向相反。自然通风将曲轴箱气体直接导入大气，造成燃料浪费，增加大气污染，且通风效果较差。

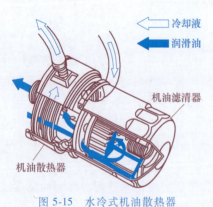

图 5-15 水冷式机油散热器

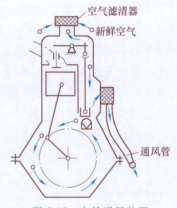

图 5-16 自然通风装置

2. 强制通风（PCV）装置

强制通风法是利用发动机进气歧管中的真空度将漏入曲轴箱中的高温、高压废气及混合气强制地吸入气缸。汽油发动机一般采用此种方式。强制通风装置将窜入曲轴箱内的混合气

项目五 润滑系统检修

回收利用，消除了曲轴箱内的有害气体，从而减少了空气污染，提高了燃油经济性。汽车发动机曲轴箱一般采用强制通风装置。

（1）强制通风装置的构造 曲轴箱强制通风装置如图5-17所示，主要由PCV阀、PCV软管和平衡管等组成。当发动机工作时，利用进气歧管内的真空度将窜入曲轴箱的气体经PCV阀和PCV软管吸入进气歧管，随新鲜空气一起进入气缸参加燃烧。

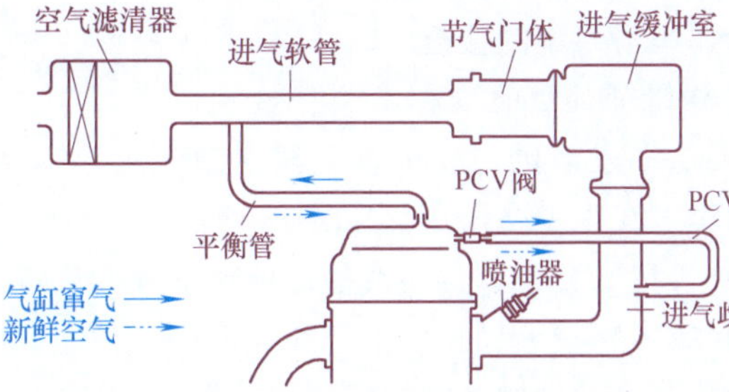

PCV阀也称为流量控制阀，用来防止发动机怠速时过多的气体流入气缸而造成怠速不稳或熄火。PCV阀是一个单向阀，其结构如图5-18所示。当怠速小负荷或减速时，进气歧管内真空度最大，气缸中的真空度将单向阀吸向阀座，PCV阀开度减小，通风量较少，既保证了通风效果，又保证了怠速稳定；当节气门开度加大时，进气歧管内真空度减小，PCV阀阀门在弹簧作用下开度增大，曲轴箱的通气量增加，保证了曲轴箱内的气体抽出和空气的更新；大负荷时，阀门全开，通风最大，保证了曲轴箱内新、旧气体的大量对流。

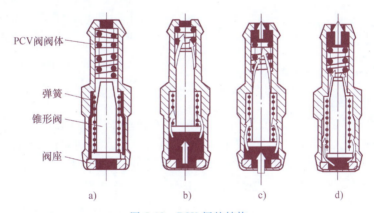

图 5-17 曲轴箱强制通风装置

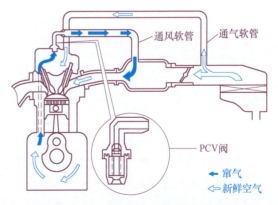

图 5-18 PCV阀的结构

a）发动机不工作或回火时 b）怠速或减速时 c）中等负荷时 d）加速或大负荷时

图5-19所示为本田雅阁轿车的曲轴箱通风装置。当发动机工作时，在进气歧管真空度的作用下，曲轴箱内的气体经通气道、通风软管吸入气缸中。

（2）强制通风装置的检修

1）检查PCV软管和平衡管，若有老化或损坏现象，应更换新的软管。维护时，应用煤油清洗并用压缩空气吹净。装复时，应将各接管紧固，各接管不得有漏气、堵塞现象。

图 5-19 本田雅阁轿车的曲轴箱通风装置

2）拆下 PCV 阀，借助一根清洁的软管从曲轴箱侧吹气（图 5-20）应畅通，从进气歧管侧吹气应不通，否则，应更换 PCV 阀。

六、润滑系统的检查

1. 润滑油油位的检查

1）起动发动机，暖机直至润滑油温度高于 60℃，然后将发动机熄火，并使汽车停在水平路面上。

2）等待数分钟，待润滑油回流至油底壳后进行下面的步骤。

3）拔出机油标尺，用干净布擦净标尺后重新插入。再次拔出机油标尺，读取油位。机油标尺上的油位标记如图 5-21 所示。其中，a 表示不可加注润滑油；b 表示可加注润滑油，加注后油位可达 a 区；c 表示必须加注润滑油，使油位达区域 b 某一位置即可。

润滑系统主要零部件的拆装与检查的标准操作流程

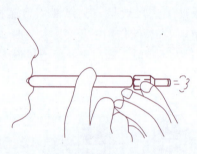

图 5-20　PCV 阀检查

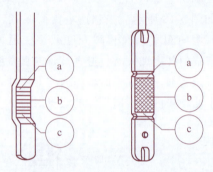

图 5-21　机油标尺上的油位标记

2. 润滑油质量的检查

出厂时发动机内已加注了优质稠化润滑油，除在极端寒冷的气候环境外可全年通用，且必须使用 API-SF 或 API-SG（仅当规定前述润滑油无货时才可使用该类润滑油）级的润滑油。根据图 5-22 所示的温度选用润滑油黏度，A 区域为优质稠化润滑油（质量标准为 VW0000，VW 后的数据不得早于 1991.10），B 区域为稠化润滑油（质量标准为 VW50101，VW 后的数据不得早于 1991.10）。

七、润滑油压力检测

在不同的状况下（发动机转速、润滑油温度、润滑油黏度、机油滤清器污染程度等），润滑油压力值有所不同。润滑油压力检测步骤如下：

1）从机油压力开关上拆下机油压力开关的电气接头。

2）拆卸机油压力开关。

3）将机油压力表接头连接到机油压力开关，并且让读数位置朝上放置，如图 5-23 所示。

4）测量润滑油压力。在润滑油温度为 80℃、发动机转速为 2000r/min 时，测量润滑油压力为 250kPa。

5）卸下机油压力表，连接机油压力开关的电气接头到机油压力开关。

八、机油压力开关的检测

检查机油压力开关时应满足以下条件（以大众桑塔纳轿车为例）：

项目五 润滑系统检修

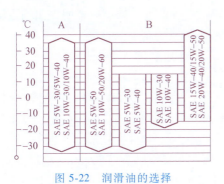

图 5-22 润滑油的选择

图 5-23 机油压力表的安装

1）润滑油油位正常。
2）点火开关打开后，机油压力警告灯必须亮。
3）自动检查系统的显示屏必须显示"OK"。
4）润滑油温度约 80℃。

机油压力检查

断开机油压力开关连接导线，拧下机油压力开关，并装上机油压力检测仪 V.A.G1342，如图 5-24 所示，将机油压力开关装到 V.A.G1342 上，检测仪棕色导线搭铁（-）。将二极管测试灯 V.A.G1527 连接到机油压力开关及蓄电池正极（+），测试灯应不亮。若测试灯亮，则更换机油压力开关。起动发动机，压力达 120~160kPa 时测试灯应亮；若测试灯不亮，则更换机油压力开关。

九、润滑系统常见故障诊断

润滑系统常见故障有：润滑油压力过低、润滑油压力过高、润滑油消耗异常和润滑油变质。

1. 润滑油压力过低

在使用中，机油压力表指示压力长时间低于正常标准即为润滑油压力过低。

（1）润滑油压力始终过低　机油压力传感器通常安装在主油道中，如果机油压力表和机油压力传感器正常，而机油压力表指示压力过低，可根据润滑系统的组成和油路对故障的可能原因进行分析。如果将油路按油流方向以机油压力传感器为界分成前、后两部分，导致润滑油压力过低的原因则可分成两方面：一是机油压力传感器前的油路不畅（如滤清器堵塞）或供油不足（如润滑油量不足），二是机油压力传感器后的油路泄油过快（如曲轴轴承间隙过大）。尽管不同发动机的润滑系统的组成和油路有一定的差别，但按上述思路，可快速对润滑油压力过低故障进行诊断。

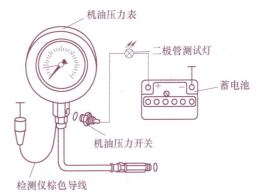

图 5-24 机油压力和压力开关的检测

当润滑油压力始终过低时，通常先抽出机油尺检查润滑油量。如果润滑油量充足，可拆下机油压力传感器，短时间起动发动机观察喷油情况。若机油压力传感器安装座孔喷油无力，应依次拆检机油滤清器、旁通阀、限压阀、集滤器、油管路和机油泵；若喷油有力，则应检查机油压力表和机油压力传感器是否正常。

137

此外，发动机工作中，如果润滑油压力始终过低，且有曲轴主轴承异响、连杆轴承异响或凸轮轴轴承异响等现象，应对上述产生异响的轴承间隙进行检查。据试验证明，曲轴主轴承间隙每增大 0.01mm，润滑油压力就会降低 0.01MPa。

（2）刚起动时压力正常、运转一段时间后润滑油压力迅速降低　诊断这类故障，可通过分析发动机润滑系统发生的变化，来确定可能的故障原因。

当发动机刚起动时，由于起动前大部分润滑油流回油底壳，所以油底壳内油量比较充足。而运转一段时间后，由于部分润滑油被泵入油道进行循环，所以油底壳内的油量减少。

此外，刚起动时润滑油温度较低，而运转一段时间后，润滑油温度随发动机温度升高。而温度对润滑系统的影响主要是润滑油黏度，随温度升高润滑油黏度下降。如果润滑油黏度过低，在各轴承间隙一定时，对润滑油的节流作用变弱，润滑油压力也会降低。

由上述分析可知，导致发动机刚起动时润滑油压力正常，而运转一段时间后润滑油压力迅速下降的可能原因是：润滑油量不足或润滑油黏度过低。发生此故障，可先抽出机油尺检查润滑油量，如果润滑油量充足，则可确定是润滑油黏度过低，应更换润滑油。

注意：如果因冷却液或汽油进入油底壳稀释润滑油，导致其黏度降低，应查明漏水或漏油的原因，将故障排除后再更换新的润滑油。

（3）润滑油压力突然降低　此故障一般是润滑油严重泄漏或机油泵损坏所致，应立即使发动机熄火，以免造成严重机械事故。

2. 润滑油压力过高

在使用中，若机油压力表指示压力长时间高于正常标准即为润滑油压力过高。

按润滑油压力始终过低故障的分析思路，如果机油压力表和机油压力传感器正常，机油压力传感器前给主油道供油过多（如限压阀故障）或机油压力传感器后油路不畅（如油路堵塞），均会导致润滑油压力过高。可能的原因有：限压阀故障、传感器后的油路堵塞、轴承间隙过小、润滑油黏度过大、机油压力表或机油压力传感器损坏等。

对于新装配的发动机，若出现润滑油压力过高，应重点检查曲轴主轴承、连杆轴承和凸轮轴轴承的配合间隙。如果点火开关打开但不起动发动机时，机油压力表指针不回位，应重点检查机油压力表和机油压力传感器。

3. 润滑油消耗异常

在发动机使用中，如果润滑油平均消耗量超过 0.1~0.5mL/100km，即为润滑油消耗异常。

润滑油消耗异常的原因一般是外部泄漏或润滑油进入燃烧室被燃烧所致。若润滑油消耗异常，应首先检查有无漏油部位，如果无漏油部位，可对发动机进行急加速试验，急加速时排大量蓝烟，说明燃烧润滑油严重。润滑油进入燃烧室通常有两个渠道：一是因活塞与气缸间密封不良导致润滑油进入燃烧室；二是由于气门油封损坏导致润滑油由气门进入燃烧室。活塞与气缸间的密封情况可通过测气缸压力或观察曲轴箱窜气情况等方法进行检查，以此可区别润滑油进入燃烧室的渠道，以便有针对性地查明故障原因。

诊断润滑油消耗异常故障还应注意以下两点：

1）对于采用气压制动的汽车，空气压缩机磨损严重会导致润滑油消耗异常。松开储气筒放污螺塞，如果有大量油污排出，则说明空气压缩机磨损严重。

2）发动机曲轴箱通风装置不良会导致润滑油消耗异常。

项目五 润滑系统检修

4. 润滑油变质

由于高温和氧化作用,即使正常情况下润滑油也会变质,这种现象称为老化。老化的润滑油含有酸性化合物,不但使润滑油变黑、黏度下降,而且腐蚀机件。

在使用中,若不到换油周期,润滑油就出现老化(即变质),应查明原因予以排除。润滑油变质的原因一般是润滑油被污染、润滑油质量差、滤清器失效和润滑油温度过高等。

润滑油被污染通常是油底壳中有水或汽油进入,可通过沉淀和闻气味判断润滑油中是否有水或汽油。此外,曲轴箱通风不良时,窜入曲轴箱的废气、混合气也会污染润滑油。

任务实施

一、职业能力点

1)能检查、检测或更换机油压力传感器,确认是否正常。
2)能拆卸、检测和更换曲轴箱通风阀。
3)能正确更换机油滤清器。

二、准备工作及注意事项

1)机油压力表应放在接触不到旋转部件处及温度不高处。
2)在检查润滑油压力前,发动机应处于正常工作温度。
3)管接头要拧紧,以防润滑油泄漏。
4)一旦有润滑油泄漏,要及时进行处理。

三、拆装及检修流程

1. 检查润滑油油位

1)起动发动机,暖机直至润滑油温度高于60℃,将发动机熄火,并使汽车停在水平路面上。
2)等待数分钟,待润滑油回流至油底壳后进行下面步骤。
3)拔出机油标尺,用干净布擦净标尺后重新插入。再次拔出机油标尺,读取油位。

2. 检查润滑油压力

(1)工作步骤

1)断开机油压力传感器处的导线,并拆下机油压力传感器(AFE发动机)。
2)将机油压力表软管上的管接头拧在机油压力传感器的安装孔中。
3)起动发动机,检查机油压力表接头处是否有泄漏。
4)运转发动机直到达到正常工作温度,并在怠速和转速为2000r/min时观察压力表上的数值。
5)拆卸机油压力表。
6)装上机油压力传感器,接上导线。
7)起动发动机,检查机油压力传感器处是否有泄漏。

(2)工具

1)常用工具箱。
2)适配器。
3)机油压力表。

3. 机油压力开关检修

（1）工作步骤

1）低压开关检修。润滑油压力为 0.015～0.045MPa 时，二极管测试灯必须熄灭。

2）高压开关检修。润滑油压力为 0.16～0.2MPa 时，发光二极管必须发亮。

（2）工具

1）二极管测试灯。

2）常用工具。

四、工作质量控制

1）检查工作计划中的所有项目，确认所有项目都已认真完成，并在解释的范围内做出全面解释。

2）检查安全、环保方面的工作是否到位。

3）检查是否遵守规定的维修工时。

4）检查车辆、发动机是否干净整洁，护套是否取下，工具是否整理。

5）结合检测结果，指出发动机机械方面的故障。

6）考虑工作计划中的准备工作，检测仪器、工作油液和辅助材料的可使用性是否达到最佳程度，提出合理化建议并在下一次检修时予以考虑。

7）考虑工作任务的完成过程中，是否满足润滑油压力检测的技能点要求，提出合理化建议，做好记录，并在下一次检测分析时予以考虑。

工作任务二　机油泵检修

任务分析

机油泵的功用是提高润滑油压力，保证润滑油在润滑系统内循环流动并将润滑油送到发动机运动件的摩擦表面。机油泵经长期使用后，机件之间会产生磨损，会使其技术状况变差，造成供油量减少和供油压力降低，因此需对机油泵零部件之间的配合间隙进行检测。通过本任务的学习，学生应能具备汽车动力驱动系统综合分析技术（汽车动力系统检测维修）任务中机油泵检修的职业技能，养成规范、安全、科学、严谨、精益求精的职业素养。

任务实施的相关专业知识

一、齿轮式机油泵的构造

机油泵一般安装在曲轴箱内，由曲轴、凸轮轴或中间轴驱动。汽车发动机装用的机油泵主要有齿轮式和转子式两种。

1. 外接齿轮式机油泵

外接齿轮式机油泵的构造如图 5-25 所示。泵壳用螺栓安装在曲轴箱内第一道主轴承座两侧，泵壳内装有主动轴和从动轴，主动齿轮和从动齿轮分别安装在主动轴和从动轴上。泵盖用螺栓安装在泵壳上,机油泵的进油口和出油口均设在泵盖上,带有固定式集滤器的吸油管用螺栓固定在进油口处,出油管用螺栓固定在机油泵出油口与发动机机体上的相应油道之间。主动轴的前端伸出泵壳,并用半圆键、锁片和螺母将传动齿轮固定安装在主动轴上,当发动机工作时,通过传动齿轮与曲轴正时齿轮啮合,驱动机油泵工作。限压阀安装在机油泵出油口处,主要由阀体、球阀、弹簧和弹簧座组成,开口销用来固定弹簧座的位置。

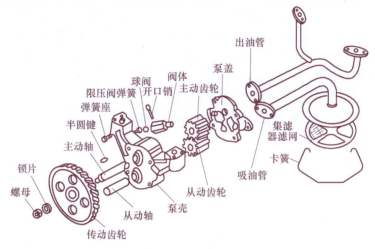

图 5-25 外接齿轮式机油泵的构造

外接齿轮式机油泵的工作原理如图 5-26 所示。当发动机工作时,机油泵齿轮按图中箭头所示方向旋转,进油腔的容积因齿轮向脱离啮合的方向转动而增大,进油腔内产生一定的真空度,润滑油便从进油口被吸入进油腔。随着齿轮的旋转,轮齿间的润滑油被带到出油腔。由于出油腔内齿轮进入啮合状态使其容积减小,油压升高,润滑油便经出油口被压送到润滑油油道中。当发动机工作时,机油泵不断工作,保证润滑油在润滑系统中不断循环。

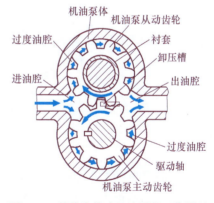

图 5-26 外接齿轮式机油泵的工作原理

为保证齿轮转动的连续性,当前一对轮齿还未脱离啮合时,后一对轮齿已进入啮合,这样在两对啮合轮齿之间的润滑油会因轮齿逐渐啮合而被挤压,产生很高的压力,不仅会增加齿轮转动的阻力,而且此压力通过齿轮作用在主动轴和从动轴上,加剧齿轮和轴的磨损。为此,通常在泵盖上加工有卸压槽,使啮合轮齿间的润滑油流回出油腔。

在泵壳与泵盖之间通常装有很薄的衬垫,此衬垫既可起密封作用,也可通过改变其厚度调整齿轮端面与泵盖之间的间隙。

2. 内接齿轮式机油泵

当发动机工作时,外齿轮(小齿轮)随驱动轴一起转动并带动内齿轮以相同的方向旋转。内、外齿轮在转到进油口处时开始逐渐脱离啮合,并沿旋转方向两者形成的空间逐渐增大，产生一定的真空度，将润滑油从进油口吸入。随着齿轮的继续旋转，月牙形块将内、外齿轮隔开，齿轮旋转时把齿间所存的润滑油带往出油口。在靠近出油口处，内、外齿轮空间逐渐减小，油压升高，润滑油从机油泵的出油口送往发动机油道中，内、外齿轮重新啮合，如图 5-27 所示。

因为内接齿轮机油泵由曲轴直接驱动，无须中间传动机构，所以零件数量少、制造成本低、占用空间小、使用范围广；但这种机油泵的泵油效率低。另外，如果曲轴前端轴颈太粗，机油泵外形尺寸随之增大，发动机驱动机油泵的功率损失也相应增大。

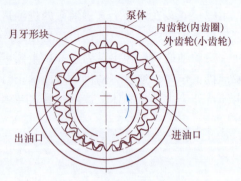

图 5-27　内接齿轮式机油泵

二、转子式机油泵的构造

转子式机油泵的构造如图 5-28 所示，它主要由泵壳、泵盖、外转子、内转子、机油泵链轮和限压阀等组成。内、外转子安装在机油泵壳内，转子轴伸出泵壳，在转子轴外端安装有机油泵链轮。机油泵用螺栓安装在曲轴箱内，由中间轴通过传动链驱动。在维修时，衬垫、O 形密封圈、开口销不允许重复使用。

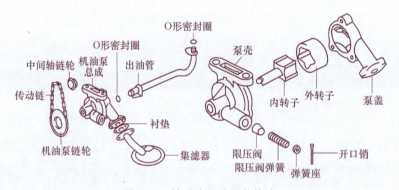

图 5-28　转子式机油泵的构造

转子式机油泵的工作原理如图 5-29 所示。泵壳上设有进油孔和出油孔，安装在泵壳内的内转子有 4 个凸齿，外转子有 5 个内齿，外转子在泵壳内可自由转动，内转子与外转子有一定的偏心距。当发动机工作时，通过转子轴驱动内转子转动，同时带动外转子一起转动。无论转子转到任何角度，内转子与外转子每个齿的齿形轮廓线上总有接触点，所以在内转子与外转子间形成 4 个工作腔。由于内转子与外转子的齿数不同，且存在一定的偏心距，所以在机油泵工作时，4 个工作腔的位置和大小都不断变化。每个工作腔总是在容积最小时与泵壳上的进油孔连通，随后容积逐渐增大，产生真空，将润滑油吸入工作腔；当工作腔与进油孔隔开而与出油孔连通时，其容积逐渐减小，使油压升高，将润滑油从出油孔压出。转子式机油泵具有结构紧凑、吸油真空度高等优点。

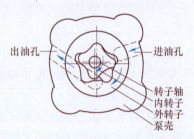

图 5-29　转子式机油泵的工作原理

三、机油泵的检修

1. 齿轮式机油泵的维修

齿轮式机油泵使用中，主动齿轮与从动齿轮、轴与轴孔、齿轮顶与泵壳、齿轮端面与泵盖均会产生磨损，造成机油泵供油量减少和供油压力降低等。

机油泵检修

（1）检查齿轮与泵壳径向间隙 拆下泵盖，在齿轮上选一个与啮合齿相对的轮齿，用塞尺测量齿顶与泵壳间的间隙，如图 5-30 所示。然后转动齿轮，用相同的方法测量其他轮齿与泵壳间的间隙。若径向间隙超过允许极限值，应更换机油泵总成。

（2）检查齿轮端面与泵盖轴向间隙 拆下泵盖后，在泵体上沿两齿轮中心连线方向上放一把直尺，然后用塞尺测量齿轮端面与直尺之间的间隙，如图 5-31 所示。若间隙超过允许极限值，应更换机油泵总成。

图 5-30 检查齿轮与泵壳径向间隙

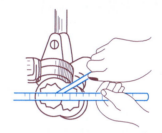
图 5-31 检查齿轮端面与泵盖轴向间隙

（3）检查齿轮啮合间隙 拆下泵盖，用塞尺测量主动齿轮与从动齿轮啮合一侧的齿侧间隙，如图 5-32 所示。若超过允许极限值，应更换机油泵总成。

（4）检查主动轴与轴孔配合间隙 分别测量机油泵主动轴直径、泵体上主动轴孔径，并计算其配合间隙。若配合间隙超过允许极限值，应进行修复或更换新件。

（5）检查从动轴与衬套孔配合间隙 分别测量机油泵从动轴直径及其衬套孔径，并计算其配合间隙。若配合间隙超过允许极限值，应更换衬套。

（6）检查机油泵限压阀 限压阀常见故障是发卡而导致润滑油压力过高或过低。检查时，拆下限压阀，清洗阀孔和阀体，将限压阀钢球（或柱塞）装入阀孔，移动时应灵活无卡滞现象。在检测台上检查限压阀的开启压力，应符合标准。

图 5-32 检查齿轮啮合间隙

2. 转子式机油泵的维修

（1）检查转子轴与轴孔的配合间隙 分别测量机油泵转子轴直径和泵壳上的轴孔内径，并计算其配合间隙。若配合间隙超过允许极限值，应更换机油泵总成。

（2）检查外转子与泵壳的配合间隙 拆下泵盖，用塞尺测量外转子与泵壳之间的间隙，如图 5-33 所示。若超过允许极限值，应更换机油泵总成。

（3）检查内转子与外转子的啮合间隙 拆下泵盖，用塞尺测量内转子与外转子的啮合间隙，如图 5-34 所示。若超过允许极限值，应更换机油泵总成。

（4）检查转子端面与泵盖的轴向间隙 拆下泵盖，用塞尺和直尺测量转子端面与泵盖的轴向间隙，如图 5-35 所示。若超过允许极限值，应更换机油泵总成。

图 5-33　检查外转子与泵壳配合间隙

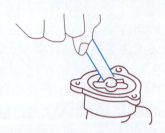

图 5-34　检查内转子与外转子的啮合间隙

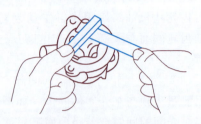

图 5-35　检查转子端面与泵盖的轴向间隙

四、机油泵的装配与调试

机油泵装配时，应边安装边复查各部位的配合间隙，尤其是要复查机油泵齿轮或转子端面与泵盖的轴向间隙。若此间隙过大，机油泵工作时润滑油会从此间隙漏出，使供油压力降低。

机油泵装配后应进行调试。简便的调试方法是：将进油口浸入清洁的润滑油内，用手转动机油泵轴，润滑油会从出油口流出来，用拇指堵住出油口，会有压力感，且泵轴转动困难。如果条件允许，最好在检测平台上对机油泵的泵油量和泵油压力进行测试。

任务实施

一、职业能力点

1）能解体、检查、测量和更换机油泵（包括齿轮、转子、壳体和感应塞总成）、卸压装置。
2）能检测机油消耗量，确认维修项目。
3）能检测机油压力，确定维修内容。

二、准备工作及注意事项

1）测试机油压力开关前应保证润滑油液面正常，当点火开关接通时，机油压力警告灯应该闪亮，发动机润滑油温度约为 80℃。
2）机油泵的安装与拆卸顺序相反。但安装时应更换垫片，并注意各螺栓的拧紧力矩。
3）机油泵装复后，用手转动机油泵齿轮，应转动自如，无卡阻现象。将润滑油灌入机油泵内，用拇指堵住油孔，转动泵轴应有油压出，并能感到有压力。
4）一旦有润滑油泄漏，要及时进行处理。

三、拆装及检修流程

1. 机油泵检修

（1）工作步骤

1）拆卸机油泵（AFE 发动机）。
2）检查齿轮啮合间隙。正常啮合间隙为 0.05mm，磨损极限值为 0.20mm。
3）检查从动齿轮与机油泵盖接合面的轴向间隙。正常间隙为 0.05mm，磨损极限值为 0.15mm。
4）检查机油泵盖。翘曲和凹陷不能超过 0.05mm。

5）检查限压阀。

6）安装与测试机油泵。

（2）工具

1）常用工具。

2）塞尺。

3）检测平台。

4）机油压力表。

2. 机油压力开关检修

（1）工作步骤

1）检修低压开关。润滑油压力为 0.015～0.045MPa 时，二极管测试灯必须熄灭。

2）检修高压开关。润滑油压力为 0.16～0.2MPa 时，二极管测试灯必须发亮。

（2）工具

1）二极管测试灯。

2）常用工具。

四、工作质量控制

1）检查工作计划中的所有项目，确认所有项目都已认真完成，并在解释的范围内做出全面解释。

2）检查安全、环保方面的工作是否到位。

3）检查是否遵守规定的维修工时。

4）检查车辆、发动机是否干净整洁，护套是否取下，工具是否整理。

5）结合检测结果，指出发动机机械方面的故障。

6）考虑工作计划中的准备工作，检测仪器、工作油液和辅助材料的可使用性是否达到最佳程度，提出合理化建议并在下一次检修时予以考虑。

7）考虑工作任务的完成过程中，是否满足机油泵检修的技能点要求，提出合理化建议，做好记录，并在下一次检测分析时予以考虑。

知识拓展1

润滑剂介绍

汽车发动机润滑剂有润滑油和润滑脂（黄油）两类。

1. 润滑油的主要性能

（1）黏度　黏度是指润滑油受外力作用移动时，分子间产生内摩擦力的大小，它是润滑油分级和选用的主要依据。若黏度过小，在高温、高压下容易从摩擦表面流失，不能形成足够厚度的油膜；若黏度过大，冷起动阻力增加，起动困难，润滑油不能及时被泵送到摩擦表面，导致起动磨损严重。

（2）黏温性　黏温性是指润滑油的黏度随温度而变化的特性。发动机从起动到满负荷工作，温度变化范围大，导致润滑油温度变化大于100℃。若润滑油的黏度随温度变化太大，就会使高温时黏度太低，而低温时黏度太高，影响正常润滑。

(3) 氧化安定性　氧化安定性是指润滑油抵抗氧化作用,不使其性质发生永久变化的能力。润滑油工作温度高达95℃,产生氧化后,颜色变暗,黏度增加,酸性增大,并产生胶状沉积物。氧化变质的润滑油将腐蚀发动机零件,甚至破坏发动机的正常工作。因此,润滑油具有优异的热氧化安定性。为此,要在润滑油中添加氧化抑制剂。

(4) 防腐性　润滑油在使用过程中不可避免地被氧化而生成各种有机酸,这类酸性物质对金属零件有腐蚀作用,可能使铜铅和镉镍类的轴承表面出现斑点、麻坑或使合金层剥落。为提高润滑油的防腐性,在润滑油中加入了防腐添加剂。

(5) 起泡性　由于润滑油在润滑系统中快速循环和飞溅,必然会产生泡沫。如果泡沫过多,或泡沫不能迅速消除,将造成摩擦表面供油不足。控制泡沫生成的方法是在润滑油中添加泡沫抑制剂。

(6) 清净分散性　润滑油的清净分散性是指润滑油分散、疏松和移走附着在零件表面上的积炭和污垢的能力。为使润滑油具有清净分散性,必须加入清净分散添加剂。

(7) 极压性　在摩擦表面之间的油膜厚度小于 $0.4\mu m$ 的润滑状态,称边界润滑。习惯上把高温、高压下的边界润滑称为极压润滑。润滑油在极压条件下的抗摩性称为极压性。现代汽车发动机的轴承及配气机构等零件的润滑即为极压润滑。为了提高润滑油的极压性,避免在极压润滑的条件下润滑油被挤出摩擦表面,必须在润滑油中加入极压添加剂。极压添加剂与金属表面起化学反应,会形成强韧的油膜以提供对零件的极压保护。

2. 润滑油的分类

润滑油可按黏度、品质、基础油等进行分类和选用。

(1) 润滑油的黏度　润滑油的黏度多使用国际标准化组织(ISO)认可的 SAE 等级标识。SAE（Society of Automotive Engineers）是"美国汽车工程师协会"的缩写。

SAE 按照润滑油的黏度等级,把润滑油分为冬季润滑油和夏季润滑油。冬季润滑油用字母 W 表示,共有 6 种牌号:SAE0W、SAE5W、SAE10W、SAE15W、SAE20W 和 SAE25W 等。字母 W 之前的数字表示该级润滑油适用的最低温度,数字越小,温度越低。例如:SAE0W 适应的最低温度是-35℃,SAE5W 适应的最低温度是-30℃,依次类推。

非冬季润滑油有 5 种牌号:SAE20、SAE30、SAE40、SAE50 和 SAE60。这些牌号的数字表示润滑油适用的最高温度。号数较大的润滑油黏度较大,适于在较高的环境温度下使用。

上述牌号的润滑油只有单一的黏度等级,称为单级润滑油。使用这种润滑油时,应根据冬夏季节和气温的变化更换润滑油。目前使用的润滑油大多数为多级润滑油,这种润滑油内含多种特殊添加剂,使润滑油在低温环境下易于流动、不凝结,在高温环境下保持黏度、不分解。其牌号有 SAE5W-20、SAE10W-30、SAE15W-40、SAE20W-50 等。例如,SAE10W-30 在低温下使用时,其黏度与 SAE10W 一样,而在高温下,其黏度与 SAE30 相同。因此,多级润滑油可以冬、夏通用。

(2) 润滑油的品质　目前,国际上的润滑油品质评定采用 API（美国石油协会）的标准。它根据润滑油的性能及其最适合的使用场合,把润滑油分为 S 系列和 C 系列两类。S 系列为汽油润滑油,目前有 SA、SB、SC、SD、SE、SF、SG、SH、SJ、SL、SM、SN 等级别。C 系列为柴油润滑油,目前有 CA、CB、CC、CD、CE、CF、CG 等级别。级号越靠后,使用性能越好,适用的机型越新或强化程度越高。例如:SH 级别的润滑油适合 20 世纪 90 年代生产的汽车使用,21 世纪以后生产的车辆一般应使用 SJ、SL、SM、SN 等级别的润滑油。

（3）润滑油的基础油 发动机润滑油按基础油的不同分为矿物油和合成油两种。矿物油的基础油是从原油中提炼的，合成油的基础油是通过化学合成的。与矿物油相比，合成油的抗高温氧化、抗黏度变化、抗磨损能力更强。合成油的黏度变化受气温影响很小，所以既能在低温环境中流动顺畅，也能在高温环境中保持适当的黏度，减少发动机磨损。另外，合成油提炼纯度高，在发动机持续高温运作下，不易氧化分解产生油泥和积炭，其劣化速度比矿物油慢50%，使用时效也更长，一般使用矿物油的车行驶5000km就必须换油，而合成油的换油里程可延至7500~10000km。

单一黏度等级的润滑油黏温性较差，只适应某一温度范围内使用。多黏度等级的润滑油黏温性好，适应温度范围宽。

3. 润滑油的选用

1）汽油机选择汽油机润滑油，柴油机选择柴油机润滑油，二冲程汽油机选择相应润滑油。这是不同发动机工作原理、工作条件不同所致。

2）根据发动机的强化程度选用合适的润滑油使用等级。

柴油机的强化程度用系数 K 表示，按下式计算：

$$K = p_{me} C_m \tau$$

式中 p_{me}——气缸内气体平均有效压力（MPa）；

C_m——活塞平均速度（m/s）；

τ——冲程系数（四冲程时 $\tau=0.5$，二冲程时 $\tau=1$）。

当 $K \leq 50$ 时，应选用 CC 级润滑油；当 $K > 50$ 时，应选用 CD 级润滑油。

3）根据气温选用适当黏度等级的润滑油，可参见图 5-36 选择。具体机型应按使用说明书进行润滑油的选用与保养。

4. 润滑脂

润滑脂具有良好的黏附性，在常温下可附着于垂直表面而不流淌，也可以在敞开或密封不良及受压较大的摩擦部位工作，并有防水、防尘、密封作用。

汽车发动机主要在水泵轴承及发电机轴承使用润滑脂。目前，普遍推荐使用的是通用锂基润滑脂，它具有良好的高低温适应性，可在-30~120℃的温度范围内使用，具有良好的抗水性、防锈性、安定性和润滑性，在高速运转的水泵及发电机轴承使用时，不变质、不流失，保证润滑。

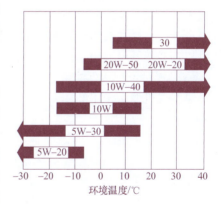

图 5-36 发动机润滑油选用

知识拓展2

润滑系统的润滑路径及特性曲线调节式润滑系统

1. 润滑系统的润滑路径

润滑系统的基本任务是在发动机运转过程中将润滑油不断地供给各零件的摩擦表面，减少零件表面的摩擦和磨损。图 5-37 所示为润滑系统示意图。机油泵由发动机驱动，将油底壳内的机油经集滤器、机油冷却器、机油滤清器、气缸体及气缸盖上的油道,输送到曲轴轴颈、连杆轴颈、凸轮轴轴颈等处,使轴浮在轴承(轴瓦)上旋转,润滑结束后的机油流回到油底壳中。旋转的曲轴曲柄飞溅起来的机油在气缸壁等金属表面形成油膜,使摩擦减小。

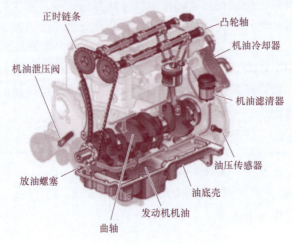

图 5-37 润滑系统示意图

2. 特性曲线调节式润滑系统

传统润滑系统采用流量不可调节设计,这种系统中机油泵的设计必须满足在所有可能情况下提供充足的机油体积流量和压力要求,这意味着机油泵有可能会在大部分运行时间内输送过多的机油,从而消耗过多的发动机能量。因此越来越多的润滑系统采用特性曲线调节式可变设计。特性曲线调节式润滑系统采用流量可变式机油泵和特性曲线电磁阀,可根据需要供给机油并降低机油回路内的平均油压,以减小机油泵的能量需求。

(1)流量可变式机油泵 流量可变式机油泵可以根据润滑系统的需要改变体积流量。流量可变式机油泵采用叶片泵,流量调节功能主要由滑阀的移动来实现,其结构如图 5-38 所示。

体积流量可变式机油泵的核心部分是滑阀,滑阀可沿泵的轴线移动,其工作过程如图 5-39 所示。处于输送设置时,滑阀位于偏离泵轴线中心的位置,通过这种方式可使抽吸侧体积流量显著增加并使压力侧体积流量显著减少,这样可以提高机油泵功率。滑阀朝机油泵轴线方向移动时,体积流量变化减小直至几乎不再产生任何体积流量变化,机油泵功率也会随之减小,直至最后调节至最小输送功率。

滑阀的位置取决于调节油室内的机油压力,该压力可使滑阀克服弹簧力移动。如果该压力较小,滑阀就会偏离中心且输送功率较大。如果该压力较大,滑阀就会逐渐压向中心且输送功率减小。调节油室内的压力与主机油通道内的压力相同。通过这种方式可以实现纯液压/机械体积流量调节,在此过程中可调节足够的工作压力。该压力由机油泵内作用于滑阀的主弹簧硬度决定。

(2)特性曲线调节电磁阀 采用流量可变式机油泵时,机油系统内的调节压力取决于克服调节油室内压力的弹簧力。弹簧较软时,更容易通过较小压力使滑阀朝中心方向移动。弹簧较硬时,需要更大压力来降低机油泵的机油供给量。特性曲线调节方式是通过特性曲线调节电磁阀以无级方式减小在调节油室内产生影响的机油压力。减小的压力越多,机油泵输

项目五　润滑系统检修

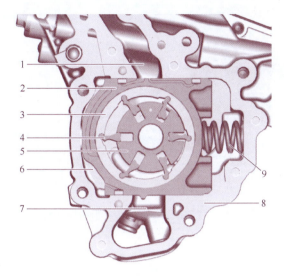

图 5-38　流量可变式机油泵的结构

1—压力侧　2—滑阀　3—外转子　4—摆杆　5—内转子　6—调节油室　7—抽吸侧　8—壳体　9—主弹簧

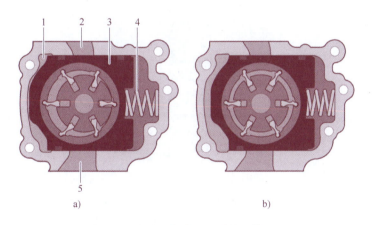

a)　　　　　　　　　　　　　b)

图 5-39　流量可变式机油泵的工作过程

a）最大输送功率　b）最小输送功率

1—调节油室　2—压力侧　3—滑阀　4—主弹簧　5—抽吸侧

送的体积流量越大。因此机油泵内作用于滑阀的主弹簧要比纯体积流量调节式系统所用弹簧软，即更容易使滑阀朝中心位置移动，从而在调节油室内压力较小的情况下，使机油泵实现最小输送功率。这样可使润滑系统内的压力比较小，从而减少机油泵驱动能量，能够进一步减少发动机功率损耗。特性曲线调节电磁阀是二位三通电磁阀，能够控制机油泵调节油室内的主机油压力，其外形及控制原理如图 5-40 所示。

（3）机油压力和温度传感器　新型组合式机油压力和温度传感器用于探测主机油通道内的机油压力和机油温度。压力信号用于特性曲线调节式机油泵，温度信号用于发动机的热量管理系统。

（4）机油状态传感器　有些发动机取消了机油尺，发动机油位由机油状态传感器测量并在显示屏上显示出来。通过测定机油状态，可准确判断出何时需要更换发动机机油。机油状态传感器的结构如图 5-41 所示。

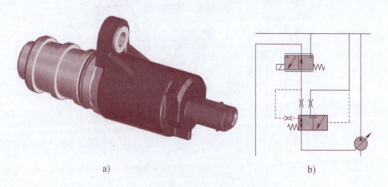

图 5-40　特性曲线电磁阀的外形及控制原理
a）外形　b）控制原理

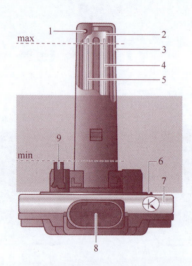

图 5-41　机油状态传感器的结构
1—壳体　2—外部金属管　3—内部金属管　4—发动机机油　5—机油油位传感器　6—机油状态传感器
7—传感器电子装置　8—油底壳　9—温度传感器

　　机油状态传感器由两个上下叠加安装在一起的柱状电容器构成。机油状态通过底部较小的电容器来测量。发动机机油的电气特性随着损耗的加剧和燃油添加剂的分解而发生变化。机油状态传感器的电容随发动机机油电气特性的变化而变化。电容值经过传感器内集成的电子分析装置处理后转化为一个数字信号。该数字传感器信号作为发动机机油状态信息发送至发动机控制单元，发动机控制单元对该实际值进行处理，以便计算出下次换油维护周期。传感器的中间部分负责测量发动机机油位。传感器的该部分与油底壳内的油位高度处于同一位置。因此，电容器的电容值随油位降低而发生变化，该电容值经过传感器电子装置处理后转化为一个数字信号并发送至发动机控制单元。机油状态传感器底座上装有一个白金温度传感器，用于测量发动机机油温度。

参 考 文 献

［1］ 惠有利，宋孟辉，等.汽车构造（发动机部分）［M］.北京：人民邮电出版社，2016.
［2］ 杜子文.汽车发动机机械系统构造与检修［M］.成都：西南交通大学出版社，2016.
［3］ 关文达.汽车构造［M］.4版.北京：机械工业出版社，2016.
［4］ 邱宗敏，邢世凯.汽车发动机构造与维修［M］.大连：大连理工大学出版社，2017.

光缆光纤组件及链路系统检测与维真 第3版

实训工单

专业
姓名

目　录

项目一　汽车发动机检修常用工具及量具的使用 …………………………………………… 1

　　工作任务一　常用工具的使用 …………………………………………………………… 1

　　工作任务二　常用量具的使用 …………………………………………………………… 3

项目二　曲柄连杆机构检修 ………………………………………………………………… 5

　　工作任务一　气缸压力检测 ……………………………………………………………… 5

　　工作任务二　机体组检修 ………………………………………………………………… 7

　　工作任务三　活塞组检修 ……………………………………………………………… 10

　　工作任务四　连杆组检修 ……………………………………………………………… 12

　　工作任务五　曲轴飞轮组检修 ………………………………………………………… 14

项目三　配气机构检修 ……………………………………………………………………… 17

　　工作任务一　气门组检修 ……………………………………………………………… 17

　　工作任务二　气门传动组检修 ………………………………………………………… 19

项目四　冷却系统检修 ……………………………………………………………………… 21

　　工作任务一　节温器及水泵检修 ……………………………………………………… 21

　　工作任务二　冷却风扇及散热器检修 ………………………………………………… 23

项目五　润滑系统检修 ……………………………………………………………………… 25

　　工作任务一　润滑油压力检测 ………………………………………………………… 25

　　工作任务二　机油泵检修 ……………………………………………………………… 27

项目一　汽车发动机检修常用工具及量具的使用

工作任务一　常用工具的使用

作业单　常用工具的使用

任务名称	常用工具的使用	日期	
学生姓名		学号	
任务要求	能够正确使用常用的汽车维修工具		

一、资讯

1. 汽车维修普通工具包括哪些?

2. 汽车维修专用工具包括哪些?

二、计划和决策

人员分工		选择仪器设备	制订故障诊断计划
组号			
组长			
组员			

三、实施

1. 安全操作与环境保护：

2. 实训步骤：

3. 工具的用途及使用注意事项。

工具名称	用途及使用注意事项
套筒扳手	
呆扳手	
棘轮扳手	
梅花扳手	
力矩扳手	
锤子	
火花塞套筒扳手	
活塞环卡钳	
顶拔器	
气门弹簧拆装钳	
千斤顶	

四、评估

教师签字：

工作任务二　常用量具的使用

作业单　常用量具的使用

任务名称	常用量具的使用	日期	
学生姓名		学号	
任务要求	能够正确使用常用的量具进行测量		

一、资讯

常用量具有哪些？

二、计划和决策

人员分工		选择仪器设备	制订故障诊断计划
组号			
组长			
组员			

三、实施

1. 安全操作与环境保护：

2. 实训步骤：

3. 量具的用途及使用注意事项。

量具名称	用途及使用注意事项
塞尺	
塑料间隙规	
游标卡尺	
千分尺	
百分表	
内径百分表	
燃油压力表	
真空表	
真空泵	

四、评估

教师签字：

项目二　曲柄连杆机构检修

工作任务一　气缸压力检测

作业单　气缸压力检测

任务名称	气缸压力检测		日期	
学生姓名			学号	
任务要求	从压力测试的目的入手，分析活塞环、气门、燃烧室的结构及密封性，最后实施压力测试			

一、资讯

1. 发动机排量。

2. 压缩比。

3. 发动机工作原理描述。

4. 气缸压力测试目的。

二、计划和决策

人员分工		选择仪器设备	制订故障诊断计划
组号			
组长			
组员			

三、实施

1. 安全操作与环境保护：

2. 测试步骤：

3. 用气缸压力表检测气缸压力。

测量结果

气缸	测量值	标准值	使用极限值	测量值与标准值的差值
1缸				
2缸				
3缸				
4缸				

四、检查

根据检测结果分析可能出现的故障。

五、评估

教师签字：

工作任务二　机体组检修

作业单　机体组检修

任务名称	机体组检修	日期	
学生姓名		学号	
任务要求	从查找气缸压力不足原因入手，分析气缸盖、气缸体、气缸结构及密封性，最后实施气缸盖下平面、气缸体上平面及气缸直径的检查		

一、资讯

按图填写零部件名称

1		9	
2		10	
3		11	
4		12	
5		13	
6		14	
7		15	
8		16	

二、计划和决策

人员分工		选择仪器设备	制订故障诊断计划
组号			
组长			
组员			

三、实施

1. 安全操作与环境保护：

2. 气缸盖下平面测量。

测量位置	测量点 1	测量点 2	测量点 3	测量点 4	测量点 5	平面度误差	使用极限值
方向 1							
方向 2							
方向 3							
方向 4							
方向 5							
方向 6							

3. 气缸体上平面测量。

测量位置	测量点 1	测量点 2	测量点 3	测量点 4	测量点 5	平面度误差	使用极限值
方向 1							
方向 2							
方向 3							
方向 4							
方向 5							
方向 6							

4. 气缸直径测量。

气缸号	测量位置	直径 1（纵向）	直径 2（横向）	圆度误差	圆柱度误差
1	位置 1（上）				
	位置 2（中）				
	位置 3（下）				
2	位置 1（上）				
	位置 2（中）				
	位置 3（下）				
3	位置 1（上）				
	位置 2（中）				
	位置 3（下）				

（续）

气缸号	测量位置	直径 1 （纵向）	直径 2 （横向）	圆度误差	圆柱度误差
4	位置 1 （上）				
	位置 2 （中）				
	位置 3 （下）				

圆度误差极限值：

圆柱度误差极限值：

需要修理的气缸：

四、检查

根据检测结果分析可能出现的故障。

五、评估

教师签字：

9

工作任务三　活塞组检修

作业单　活塞组检修

任务名称	活塞组检修	日期	
学生姓名		学号	
任务要求	从活塞组的作用入手，通过分析活塞组的工作过程，最后实施活塞、活塞环的检查		

一、资讯

1. 描述活塞的结构特点。

2. 活塞环分几种？有何功用？安装时应注意什么？

二、计划和决策

人员分工		选择仪器设备	制订故障诊断计划
组号			
组长			
组员			

三、实施

1. 安全操作与环境保护：

2. 活塞外观检查：

3. 活塞直径测量：

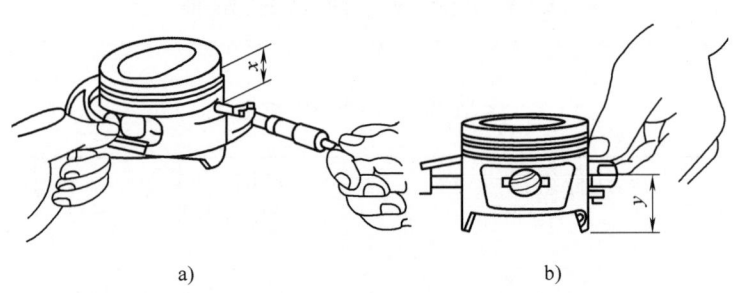

a) b)

测量位置	测量值	标准值	与标准值的差值
a			
b			

4. 活塞环端隙与侧隙的测量：

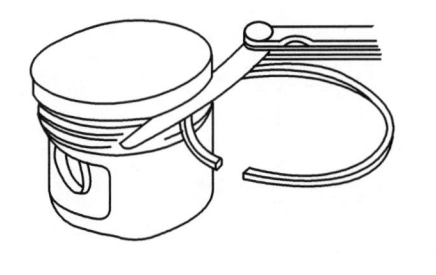
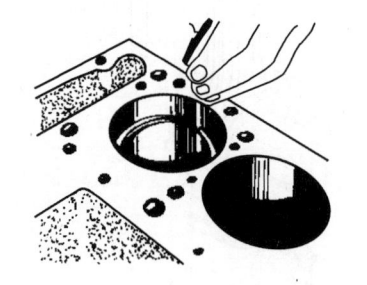

检修项目	1缸		2缸		3缸		4缸	
	测量值	标准值	测量值	标准值	测量值	标准值	测量值	标准值
第1道气环端隙								
第2道气环端隙								
第1道气环侧隙								
第2道气环侧隙								

四、检查

根据检测结果分析可能出现的故障。

五、评估

教师签字：

工作任务四　连杆组检修

作业单　连杆组检修

任务名称	连杆组检修	日期	
学生姓名		学号	
任务要求	从查找发动机异响的原因入手，通过分析连杆组的结构及常见故障，最后实施连杆变形检查和活塞销的检查		

一、资讯

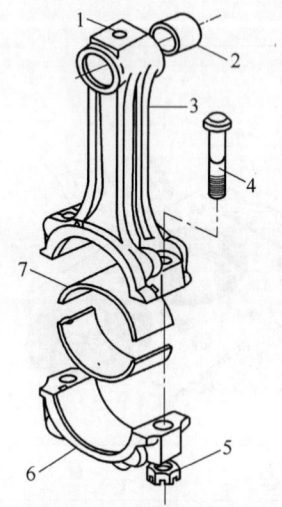

按图填写零部件名称

1	
2	
3	
4	
5	
6	
7	

二、计划和决策

人员分工		选择仪器设备	制订故障诊断计划
组号			
组长			
组员			

三、实施

1. 拆装注意事项：

2. 连杆弯曲和扭曲变形的检测。

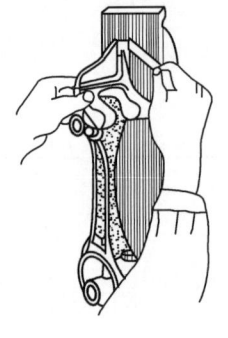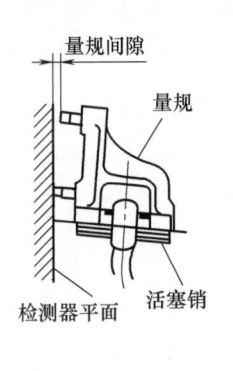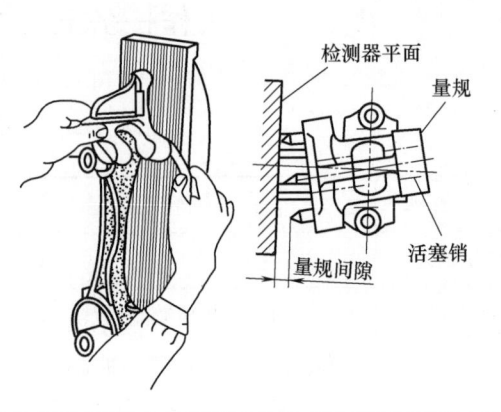

检修项目	连杆弯曲量	连杆弯曲量使用极限值	连杆扭曲量	连杆扭曲量使用极限值
1 缸连杆				
2 缸连杆				
3 缸连杆				
4 缸连杆				

3. 活塞销与连杆配合间隙的测量。

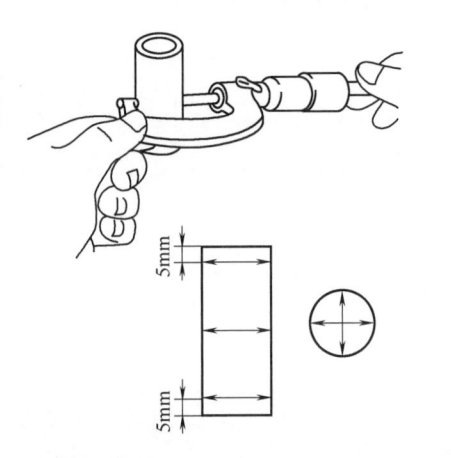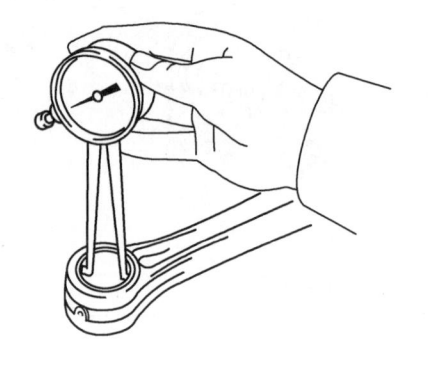

活塞销直径：

活塞销孔径：

连杆小头直径：

连杆小头与活塞销配合间隙：

活塞销孔径与活塞销配合间隙：

四、检查

根据检测结果分析可能出现的故障。

五、评估

教师签字：

13

工作任务五 曲轴飞轮组检修

作业单 曲轴飞轮组检修

任务名称	曲轴飞轮组检修	日期	
学生姓名		学号	
任务要求	从查找发动机异响原因入手，通过分析曲轴飞轮组结构及常见故障，最后实施曲轴轴向间隙、曲轴径向间隙、曲轴弯曲变形及飞轮的检查		

一、资讯

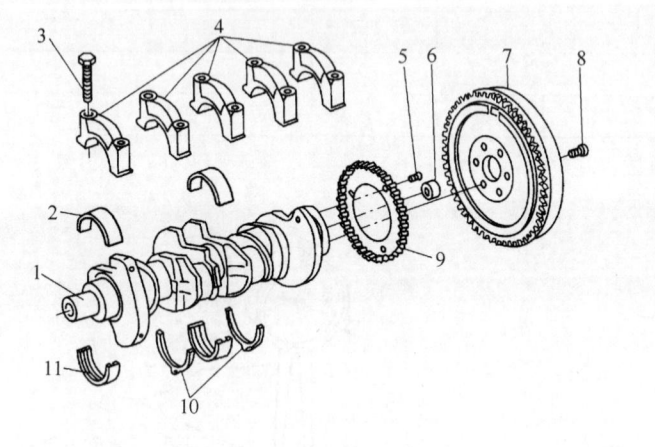

按图填写零部件名称

1		7	
2		8	
3		9	
4		10	
5		11	
6			

二、计划和决策

	人员分工	选择仪器设备	制订故障诊断计划
组号			
组长			
组员			

三、实施

1. 安全操作注意事项及操作环保：

14

2. 检查步骤：

3. 检查结果记录。

（1）曲轴弯曲的检查：

测量位置	测量值	使用极限值

（2）曲轴连杆轴颈的检查：

轴颈测量		1号连杆	2号连杆	3号连杆	4号连杆
截面1	位置A				
	位置B				
截面2	位置A				
	位置B				
圆度					
圆柱度					
测量结果分析					

（3）曲轴主轴颈的检查：

轴颈测量		1号主轴颈	2号主轴颈	3号主轴颈	4号主轴颈
截面1	位置A				
	位置B				
截面2	位置A				
	位置B				
圆度					
圆柱度					
测量结果分析					

（4）曲轴轴向间隙的检查：

测量位置	测量值	使用极限值	是否需要调整

（5）曲轴轴承间隙的检查：

测量位置	1	2	3	4
实测值				
极限值				

（6）连杆轴承间隙检查：

测量位置	1	2	3	4
实测值				
极限值				

（7）飞轮的检查：

检测项目	检测结果分析
飞轮径向圆跳动量	
飞轮工作面磨损	
飞轮齿圈状况	

四、检查

根据检测结果分析可能出现的故障。

五、评估

教师签字：

16

项目三　配气机构检修

工作任务一　气门组检修

作业单　气门组检修

任务名称	气门组检修		日期	
学生姓名			学号	
任务要求	从查找气缸压力不足原因入手，通过分析气门组的结构及常见故障，最后实施气门、气门座、气门导管、气门弹簧的检查			

一、资讯

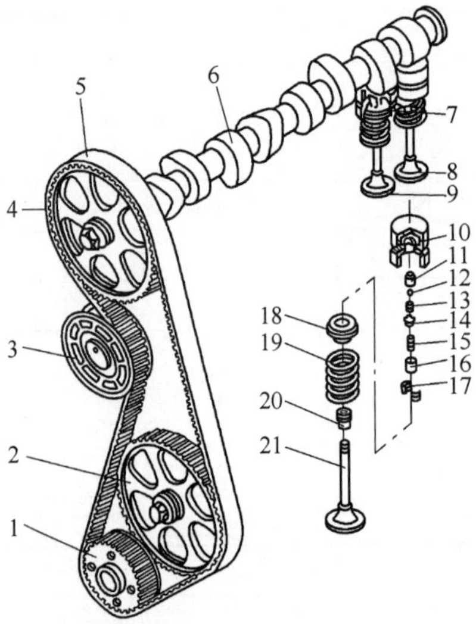

按图填写部分零部件名称

1		9	
2		10	
3		17	
4		18	
5		19	
6		20	
7		21	
8			

二、计划和决策

人员分工		选择仪器设备	制订故障诊断计划
组号			
组长			
组员			

17

三、实施

1. 安全操作注意事项及操作环保。

2. 检查步骤。

3. 检查结果记录。

（1）气门检查：

气门弯曲检查结果

测量项目	测量值	最大使用极限	是否超过极限值
气门杆弯曲			
气门头部歪斜			

气门磨损检查结果

测量项目	测量值	最大使用极限	是否超过极限值
气门长度			
气门杆直径			
气门头部直径			

（2）气门弹簧及气门导管的检查：

气门弹簧检查结果

测量项目	测量值	最大使用极限	是否超过极限值
自由长度			
垂直度			

气门导管检查结果

测量项目	测量值	最大使用极限	是否超过极限值
导管直径			
配合间隙			

（3）气门密封性检查：

四、检查

根据检测结果分析可能出现的故障。

五、评估

教师签字：

18

工作任务二　气门传动组检修

作业单　气门传动组检修

任务名称	气门传动组检修	日期	
学生姓名		学号	
任务要求	从查找配气机构异响入手，通过分析气门传动组的结构及常见故障，最后实施凸轮轴、液力挺柱的检查		

一、资讯

1. 描述配气相位，画出配气相位图。

2. 描述可变配气相位的概念。

二、计划和决策

人员分工		选择仪器设备	制订故障诊断计划
组号			
组长			
组员			

三、实施

1. 安全操作注意事项及操作环保：

2. 检查步骤：

3. 检查结果记录。

（1）凸轮轴弯曲的检查：

测量位置	测量值	极限值	是否超过极限值

（2）凸轮轴轴承间隙测量：

检测位置	实际测量值	极限值	是否超过极限值
1			
2			
3			
4			

（3）凸轮高度的检查：

检测位置	实际测量值	极限值	是否超过极限值
1			
2			
3			
4			

（4）液力挺柱的检查：

四、检查

根据检测结果分析可能出现的故障。

五、评估

教师签字：

项目四 冷却系统检修

工作任务一 节温器及水泵检修

任务名称	节温器及水泵检修		日期	
学生姓名			学号	
任务要求	从查找发动机工作温度异常的原因入手，通过分析节温器和水泵的结构和常见故障，最后实施节温器及水泵的检查			

一、资讯

1. 冷却系统基本组成。

2. 画出冷却系统大、小循环示意图（框图）。

二、计划和决策

人员分工		选择仪器设备	制订故障诊断计划
组号			
组长			
组员			

三、实施

1. 安全操作注意事项及操作环保。

2. 检查步骤。

3. 检查结果记录。

（1）节温器检测结果记录：

（2）水泵检测结果记录：

（3）更换冷却步骤：

四、检查

根据检测结果分析可能出现的故障。

五、评估

教师签字：

工作任务二　冷却风扇及散热器检修

作业单　冷却风扇及散热器检修

任务名称	冷却风扇及散热器检修	日期	
学生姓名		学号	
任务要求	从查找发动机工作温度异常的原因入手，通过分析冷却风扇和散热器的结构和常见故障，最后实施温控开关、风扇电动机、风扇继电器、风扇控制电路及散热器的检查		

一、资讯

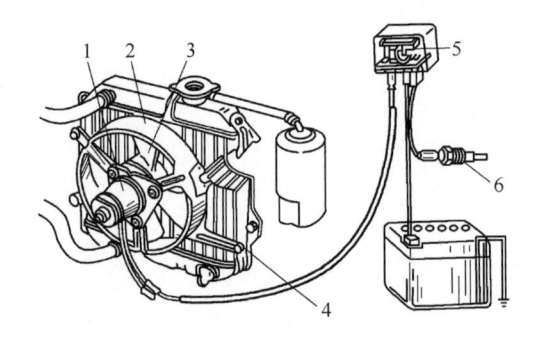

按图填写零部件名称

1	
2	
3	
4	
5	
6	

二、计划和决策

	人员分工	选择仪器设备	制订故障诊断计划
组号			
组长			
组员			

三、实施

1. 安全操作注意事项及操作环保：

23

2. 检查步骤：

3. 检查结果记录。

（1）温控开关检测结果：

（2）风扇电动机检查结果：

（3）风扇控制继电器检查结果：

（4）风扇控制电路的检查结果：

（5）冷却系统密封性：

1）目测结果： _____

2）冷却系统压力测试结果： _____

_____

四、检查

根据检测结果分析可能出现的故障。

五、评估

教师签字：

项目五 润滑系统检修

工作任务一 润滑油压力检测

作业单 润滑油压力测试

任务名称	润滑油压力测试	日期	
学生姓名		学号	
任务要求			

任务要求：从查找润滑油压力异常的原因入手，通过分析润滑系统的组成及常见故障，最后实施润滑油压力测试并检查发动机润滑油有无泄漏

一、资讯

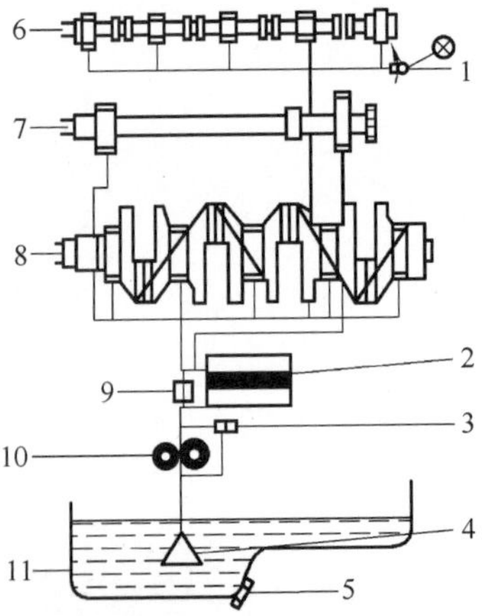

按图填写零部件名称

1		7	
2		8	
3		9	
4		10	
5		11	
6			

二、计划和决策

人员分工		选择仪器设备	制订故障诊断计划
组号			
组长			
组员			

25

三、实施

1. 安全操作与环境保护：

2. 检查步骤：

3. 检查结果记录。

（1）检查以下部件，并描述它们的状况：

凸轮轴油封：_____

曲轴油封：_____

油底壳接合处：_____

（2）用油压表测试机油压力，并记录所测得的值。

四、检查

根据检测结果分析可能出现的故障。

五、评估

教师签字：

26

工作任务二　机油泵检修

作业单　机油泵检修

任务名称	机油泵检修	日期	
学生姓名		学号	
任务要求	从查找润滑油压力异常的原因入手，通过分析机油泵的结构及常见故障，最后实施机油泵的检查。		

一、资讯

1. 描述润滑系统基本组成及润滑路线。

2. 描述机油泵工作原理。

二、计划和决策

人员分工		选择仪器设备	制订故障诊断计划
组号			
组长			
组员			

三、实施

1. 安全操作注意事项及操作环保：

27

2. 检查步骤：

3. 检查结查记录。

（1）润滑油压力开关检查结果：

（2）机油泵检测，记录测试结果：

检测位置	实际测量值	极限值	是否超过极限
齿轮与泵壳径向间隙			
齿轮啮合间隙			
齿轮与泵盖轴向间隙			

（3）机油泵限压阀检查结果：

四、检查

根据检测结果分析可能出现的故障。

五、评估

教师签字：

28